nuremberg
high quality

Konrad Biller

nuremberg
high quality

**Illustriert
von Manfred Schaller**

Impressum

Autor: Konrad Biller

Illustrationen: Manfred Schaller

Satz, Repro, Druck: Fahner Druck, Lauf

1. Auflage 2003
Erschienen im Fahner Verlag, Lauf

ISBN 3-924158-76-2

© 2003 by Fahner Verlag

Für die Zusammenstellung aller Texte
mein besonderer Dank Karin Fellner
von der Redaktion der Zeitschrift
DAS GEDICHT

Vorwort

Nach „Lebenslänglich Franken" schreibt Konrad Biller mit diesem Buch seine knorzigen Liebeserklärungen an Franken fort:
Die Stadt, das Land und die Leute gewinnen wieder Kontur in den Episoden, belauschten Gesprächen, Kindheitserinnerungen, Beobachtungen bei Spaziergängen über städtisches Pflaster oder in der jahreszeitlich veränderten Natur der Fränkischen Alb.

In sechs Kapiteln sind diesmal Prosastücke und Gedichte gut gemischt ... die Illustrationen, genau auf den Text bezogene wie auch eigenständige Kunstwerke, lieferte der Nürnberger Graphiker und Maler Manfred Schaller.

Konrad Billers Stärke, der Blick für das Beiläufige, das man sieht, hört und gleich wieder vergißt, so daß der Leser gleichsam alten Bekannten bei der Lektüre begegnet, trägt und prägt auch hier den Stoff und macht einen wesentlichen Teil des Lesevergnügens aus. Seine Naturbeobachtungen, vor allem den zentralen Text über „Die Jahreszeiten in der Fränkischen Alb", muß man langsam lesen, denn immer schwebt ein Hauch von Wehmut über den Szenarien, Wandel als Gleichnis eben.

Nicht verwunderlich also, wenn er sagt, er habe seine Bücher über Nürnberg & Franken nicht zuletzt für die vielen Zugewanderten geschrieben, damit sie ihre neue Heimat kritisch betrachten können, aber trotzdem niemals Münchner oder gar Berliner sein möchten.

Weltoffen ist er schon, der Franke Konrad Biller, sein Wortwitz und der universelle Kern seines Denkens verhindern zuverlässig Provinzborniertheit. Wer die Kreatur so liebevoll skizziert, den Krieg so beißend kritisiert ... und die „high quality" auf dem Land und in der Stadt so ins Bewußtsein ruft, hat einen weiten Blick auf die Welt.

Klaus Schlesiger
Nürnberg, im Sommer 2003

Klaus Schlesiger wurde 1937 in Dessau geboren. Er lebt als freier Journalist seit 1966 in Franken und ist seit zwanzig Jahren mit der hiesigen Literaturszene und der Soziokultur Nürnbergs produktiv verbunden.

Wie einem der Schnabel wächst

*wäi wächstn
a Schnobl*

*zum Maul naus
zur Nosn nei
in Grong noo*

*wärd ä
gut- odä besaatich*

Inhaltsverzeichnis

Wär' des net nu bässa?   **13**
    nuremberg high quality   14
    Wär des net nu bässa? (Prosa)   15
    Christkindles Glühweinmarkt (Prosa)   17
    Überbleibsel   18
    Vervielfältigt   19
    Guter Altstadtfreund
    Schlechter Altstadtfreund   20
    Der Hase vor dem Pilatushaus (Prosa)   21
    Dürers Hasen   21
    Der vom Schaller   21
    Bahnhofsplatzkritisch (Prosa)   22
    Ausgedient (Prosa)   23
    Ist Geschmackssache (Prosa)   24
    Nachgedanken   25
    Die Ex-Stadt der Reichsparteitage mahnt (Prosa)   26
    Im Hauptgang   28
    Sonderbar   28
    Tod des Nürnberg-Touristen   29

Nico   **30**
    Gold & Silber   31
    Nico (Prosa)   32
    Dienerschaft (Prosa)   33
    Erlenstegener Präparation (Prosa)   33
    Enttäuschend (Prosa)   34
    Kindkartler (Prosa)   35
    Zwei Nürnberger wollen nicht fort (Prosa)   35
    Gegenseitigkeitslos (Prosa)   36
    Ziellos (Prosa)   36
    Das Wechselgeld (Prosa)   37
    Im April weiß der Nürnberger alles (Prosa)   37
    Beim Südstadturologen (Prosa)   38
    Happy Meal (Prosa)   39
    Vanille für den Papa (Prosa)   41
    Redewillig (Prosa)   42
    In Eile (Prosa)   44
    Die Zeit der zufriedenen Alten (Prosa)   45
    Bis zum gemeinsamen Nenner   47
    Alte Knoblauchsländerin zum alten Knoblauchsländer   48
    Alter Spruch   49

Im Sonntagscafé (Prosa)	50
Er ist Osterbein (Prosa)	51
Der Herolds Karl (Prosa)	53
Teuflisch (Prosa)	54
Ein Tag mit Alfred (Prosa)	55
Die Schreiner waren da (Prosa)	58
Was sonst noch so dahergeredet wird (Prosa)	60

Wird eng werden — **61**

Bus nach Zabo	62
Wird eng werden	62
Formuliert ein Benutzer öffentlicher Verkehrsmittel	63
Umsteigen in die 8er	64
Der öffentliche Nahverkehr oder das Große & Ganze (Prosa)	64
Viel zu teuer (Prosa)	65
Echt beschissen (Prosa)	66
Eine Stunde Verlust (Prosa)	68
Der Pendolino (Prosa)	69
Die Zeit im Zug bis Hohenstadt	74
Schon fränkisch	76
Rentierlich	77
Wenn Nürnberg nervt	78

Loblied auf die Alb — **79**

Passion	80
Loblied auf die Alb	81
Erster Berg im Frankenjura	81
Nichts oder fast nichts	82
Einsam in den Feldern	83
Der Teufel war los	83
Am Albhang	84
Märzalb	85
Windregenalbstück	86
Aprilsturm	86
Vereinnahmt	87
Sonntäglicher Waldwanderweg	87
Schwül	88
Am Schnaittachufer	88
Am Vatertag wollten zwölf über die Alb	89
Der Pfingsturlauber	90
Bratwurstessen im Dorfgasthaus (Prosa)	91
Glaubensbekenntnis des fränkischen Metzgermeisters	92
Der Ecktisch im Wirtshaus	93

Der Wirtshaustisch	93
Das Doppel-s vom „Roten Ross"	94
Weichgekocht	95
Örtlich	96
Komm nach Treuf aus der Hitz	97
Krumm & Grad	97
Abendgewitter	98
Am Zwernberg oben	98
Zwischen Joggern & Bikern	99
Einmalig	99
Glück im Überfluß	100
Vorweihnachtliche Pflicht	101
Schnee am Albrand	102
Jahr des Winters	103
28. Dezember 99	104
Die Jahreszeiten auf der Fränkischen Alb (Prosa)	105
Schloßberger Sonnenuntergang	121
Die vermasselte Perspektive	122
Die gestreßte Kunstschneepiste	122
Nachts vorbei am Einödhof	123
Moorsbrunner Subventionslied	124
Sei ruhig	125
Mutter zum Kindchen beim Albanstieg	126
Daheim	127

Im Lochgefängnis — **128**

Jenseits von Afrika	129
Im Lochgefängnis	130
Die Asylpolitik	130
Vaterland & Muttersprache	131
Lobgesänge halte ich nicht aus (Prosa)	132
Über Franken hinaus (Prosa)	134
„Wir spielen Krieg" (Prosa)	135
Weizenbier mit Leberkäs & Stahlhelm (Prosa)	136
In ihrem Schatten (Prosa)	137
Gößweinsteiner Osterflug (Prosa)	139
Hochwohlgeboren (Prosa)	141
Sich regen bringt Ordenssegen (Prosa)	142
Deutscher Fabrikant im 20. Jahrhundert	143
Die Angst des Ministerialdirigenten	144
Alter Playboy frotzelt	145
Tod der Prinzessin	145
Für die Würmer	146

Nachkriegsschweigen **147**
    Großreuther Spiele geträumt 148
    Nachkriegsschweigen 148
    Wetterumschwung in Kleinreuth 149
    Großvater fütterte Schwäne 150
    Hinter dem Hügel (Prosa) 151
    Schwarz & schwärzlich 155
    Die Notwendigkeit damals,
    das Rechtsempfinden zu entwickeln (Prosa) 155
    Die unvergessenen Schulstunden (Prosa) 156
    Was man in Biologie lernen konnte (Prosa) 157
    Auf dem Gerüst (Prosa) 158
    Gschenkt, gschenkt, nimmer geben
    Gfundn, gfundn, wieder geben (Prosa) 160
    Und ich wollte Missionar werden (Prosa) 162
    Gedankengänge (Prosa) 163
    Die Gürtel (Prosa) 164
    Institutionalisiert sich Wiederholendes 165
    Im Klinikum Nord (Prosa) 166
    Organ 168
    Autobiographien 170
    Werbung 171

Wär' des net nu bässa?

Wär' des net nu bässa?

Der dicke, runde Turm am Königstor hat einen genauso dicken, viereckigen Nachbarn bekommen ... und da stehen sie nun: der aus Sandstein, der aus Glas & Stahl. Na ja, viele Türm' gibt's in Nürnberg. Noch einmal vier runde, alle anderen viereckigen, den fünfeckigen – von einem dreieckigen weiß ich nix – hohe und niedrige.

Bis jetzt noch gar nix gewußt habe ich von einem halben Turm. Nun fragen Sie gleich: „Was heißt hier halber Turm, als ob in Nürnberg jemals eine Sache halb gemacht worden wäre?"

In diesem Fall schon: Der Glaskubus am Königstor ist ein halber Turm, ein baukünstlerisch zwar gelungener halber Turm, aber eben ein halber Turm. Wäre er so hoch wie sein Gegenüber, gar ein paar Meter höher, dann könnten wir von einem zufriedenstellenden ganzen Turm sprechen.

Deshalb frag' ich Sie: „Was hindert den Oberbürgermeister daran, das zu tun, was ihm gleich hätte einfallen sollen – walls fast des gleiche kost hätt –, nämlich noch ein paar Meter mehr und dann eine saubere Kirchturmspitz' draufpacken, ach was, draufhauchen zu lassen?" ... denn was anderes als ein federleichtes Stahlgerippe, durch das der Wind pfeift, ist gar nicht nötig. Ja, Sie verstehen es richtig: Innen ist der zusätzliche Turm hohl, besteht er aus Luft.

So leicht werden die Nürnberger Altstadtfreunde natürlich nichts zulassen, was innen hohl ist. Sie werden sich bestimmt weigern, mit einem genialen, städtebaulichen Luftraum – sozusagen einem Antiturm, einem Theaterturm – ihrer neunhunderteinundfünfzigjährigen Turmbaugeschichte die Krone aufzusetzen.

Aber wenn dieser Überturm einfach nicht hohl sein

darf, könnte man ja ganz oben in die Spitz' hinein an Fasching eine Nürnberger Riesenbratwurst mit übergestülpter Narrenkappe hängen, zum Altstadtfest eine Riesenbratwurst mit unten angebundenem Hexnhäusla, zu den Fischtagen dieselbige mit Heringskopf, mit Spargelstengel an den Spargeltagen. Für unsere schwarzrotgrüne Nacht ließe sich die Wurst solo entsprechend geringelt lackieren, mit zwaa braune Schnärpfl droo, während des Christkindlasmarktes unter Umständen entfernen. Ersatzweise könnte ein aus der Glühweintasse schlürfender Rauschgoldengel im Luftturm verspannt sein.

Daß man weiter unten noch elisenlebkuchenförmige Uhren anschraubt und Anzeigetafeln, wo draufsteht, wieviel Parkplätze frei sind, und eine Leinwand, auf der unser wundervolles Frankenfernsehen abläuft, ist selbstverständlich ...

und des alles zamm mit dem, wos scho do schteht, liebe Nürnbergerinnen & Nürnberger: Wär' des net nu bässa an am Haupteingang?

Christkindles Glühweinmarkt

Die Besucher warten beim Schönen Brunnen wie beim Neujahrsempfang des OB in der Meistersingerhalle. Ihre Hände umklammern Porzellantassen.
Keinesfalls möchte ich in einen der rotweiß gestreiften Gänge hinein. Sogar große Hunde werden darin auf den Arm genommen.
Der kleine Zwätschgamoh kostet zehn Mark. Ihn möchte die Blondine und schimpft ihren Freund: „Wall der net su vüll Glühwein braucht wäi du!"
An den Rändern entlang suche ich mir einen Weg zur Krippe. Das religiöse Zentrum ist weniger bedrängt.
Hier behaupten sich FCN-Fanfarenstöße. Unbeeindruckt buchstabiert ein Knirps hinauf zum Papi: „Ehre sei Dir, Gott in der Höhe!" Der Kleine wiederholt noch vier Mal die Worte auf dem Wimpel, den zwei Engelein quer übers Kindchen, die Ochsen und das Stroh spannen.
Ich kaufe mir kein Schokoladenherz, auf dem „Für mein Mäuschen" steht, aber auch keinen Punsch.
Die vier Eckpunkte des Areals markieren senfspritzende Bratwurststationen. Ob man alle Glühtrunkstellen ebenfalls geordnet positioniert hat, das kann ich von Krölls Terrasse herab nicht erkennen.
Schlagartig beginnt hinter mir der Gesang einiger Trinker. Beinahe hätte ich ein paar auf dem Geländer abgestellte Tassen hinuntergefegt.
Um das Weihnachtstreiben zu verlassen, muß ich mich davonkämpfen. Mir fallen Menschen auf, die durchs Kirchenportal ein- und austreten mit Henkeln zwischen Daumen und Zeigefinger.
Zuletzt sehe ich am schwarzen Vogeltrinkstein angelehnte Frauen. Sie kippen Naachala aus ihren Humpen in die kraterförmigen Vertiefungen des Kunstwerkes.

Überbleibsel
1997

Bis heute stehen Trümmer rum
vom SYMPOSION URBANUM;
wenig kunstvoll, mehr gemein,
unser Zeughaus-Hinkelstein.

Im Netzla überm Sterntorgraben
ist noch Silbergeld zu haben;
warum holt's nicht die Bank,
sperrt's in den Panzerschrank.

Vor dem Hauptmarkttreppla hocken
kannst auf künstlerischem Brocken;
im Winter sind an ihm das Beste
Löcher für die Glühweinreste.

Beim Karstadt ein Karnickelohr
kommt mir auch überzählig vor;
vielleicht wird es verschwinden
und läßt sich nie mehr finden.

Vervielfältigt
1997

In Nürnberg sind die Fußlaufzonen,
Modernes hieß hier „Mätzchen",
für Kitschorgien, um sich zu klonen,
ein ideales Plätzchen.

Der Lampn-, Bänk- und Küblscheiß
schwoft geil & gschweifltheiter,
auch wiederum kein bißchen leis,
in Fürth, in Lauf, in Sonstwo weiter.

Aus „Städtebilder"

Guter Altstadtfreund
Schlechter Altstadtfreund

Manchmal schon hat er gedacht,
ans Große knüpft der U-Bahnschacht,
dennoch steht an erster Stell'
für ihn das Ehekarussell;
obwohl beim Riesenbratwurstpoint,
der ebenfalls Gestaltung foind,
die Bronzeplastik von H. Moore
ihm keinesfalls erscheint zu stur;
nur ein wenig aus der Mitte
gehöre sie ... so seine Bitte.
Kandelaber mit dem Kübel
sind ihm ebenfalls kein Übel;
wär' in Sankt Lorenz nicht Genuß
nun allen auch der Englisch' Gruß?

Na wart, ich hexe fette Leiber
einer Menge bunter Weiber
der Niki Saint Phalle
dem neuen alten Rathaussaal
unter die gewölbte Decke,
daß dich es erschrecke

sowie zum Jammer
der Industrie- &
Handelskammer.

Der Hase vor dem Pilatushaus
1985

Vor dem Pilatushaus kauert jetzt ein Metallhase.

Für den Vorsitzenden unseres Baukunstbeirates stellt das Langohr ein „integratives Element" dar. Er meint damit wahrscheinlich einen das Dürer- und Pilatushaus, den Turm samt dem „Schlenkerla", den ganzen Platz beim Tiergärtnertor halt verschmelzenden Mümmelmann.

Aber auch aus der von mir nur verdeutlichten Meinung des Architektengremiums geht nicht hervor, warum dieser Löffelträger so gequält zur Herberge des Meisters Dürer hinüberstiert.

Erscheint ihm vielleicht doch seine Berühmtheit auf den Original-Patrizier-Bierfilzla noch besser integriert?

Vorsitzender des Baukunstbeirates war damals H. Loebermann.

Dürers Hasen
loben alle
über Maßen

Der vom Schaller
ist mein Knaller

Gewidmet der „Haseninstallation"
im Sommer 2003 auf dem Hauptmarkt

Bahnhofsplatzkritisch
1985

Unsere Noris, die weltstädtischste aller Frankenmetropolen, behauptet sich selbstverständlich insgesamt gegenüber Neustadt an der Aisch zum Beispiel ...
 bei engeren Vergleichen – nehmen wir einmal die Bahnhofsvorvorplätze her – verbucht Neustadt den Pluspunkt.

Übersieht der wahre Nürnberger vor dem Hauptbahnhof schon lange die abblätternden Wartepavillons mit den drunter eingestellten, umfangreich verkabelten Breznbudn, dazu zwischen dem Kotoniastergestrüpp herumrennende Mausfamilien ...
 so müssen ihm jetzt einfach die postmodernen Metropolenbremsen in Form von zwei elegant unters Flachdach eingepaßten Knusperhexenfachwerkhäuschen mit Hirschgeweih und pinkfarbenen Biberschwänzen ins Provinzauge stechen.

 Ratsherren & Ratsfrauen: Wollt ihr, daß die Blicke eurer Untertanen weltoffener werden, schaut euch nicht nur an der Pegnitz, sondern auch an der Aisch um.
 Entfernt zumindest eine dieser Knabberhütten und sperrt die Nager hinter ein Gitter ...
 aber bittschön kein schmiedeeisernes!

Ausgedient
1997

Machen sich viel zu wichtig, auf dem Platnersberg, mit meterdicken bemoosten Stämmen, nach oben schlängelnden Hautfalten, sind zerfurcht, angewarzt, vergrindet, besetzt von aufbrechenden Pickeln zwischen verheilten Jugendwunden.

Wurzeln schon ewig da, haben maßlos Nahrung aufgesaugt, verstammen dreimal in zehn Meter Höhe nicht weniger umfangreich als unten, vergabeln fünfzehn Meter darüber, strecken mannsdicke Äste dabei aus mit oberarmstarken Zweigen.

Glauben stattlich zu erscheinen trotz ihres verrunzelten Aussehens, ihrer vom maßlosen Leben zugezogenen Aushöhlungen, voll Beton gestopften Operationslöcher, mit Eisenstangen verklammerten Narben, wollen noch hundert Jahre lang nackerten Riesen gleich im sauren Novemberdunst verschwimmen.

Aber Käfer & Hallimasch werden sie überfallen, ihre Rindengeschwülste beknabbern, ihr Feinreisig zerbröseln.

Die Eichen sind zu invalid für unsere moderne Zeit, sind überflüssig geworden als Könige, deutsche.

Müssen den Platz räumen ...

Bonsailatexien, europäischen.

Ist Geschmackssache

Das Hochbauamt hat dem Hausmeister vom „Willstätter-Gymnasium" ein luxuriöses, aus grau eloxiertem Eisen zusammengekitschtes Gitterwerk hingestellt. Zwei Meter hoch, vierzig Meter lang, zwischen dem Schulhauseck und der Egidienkirchen-Apsis, damit er seinen Pausenhof nun absperren kann ...

weil man den Zaun ja gar nicht sieht, sowieso hierher kein Tourist kommt, eh alles Geschmackssache ist – in etwa das Plädoyer des Baureferenten, um meinen Ärger zu vervollständigen über die Zerstörung eines unter seinem Vorvorgänger entstandenen, noch interessanten Freiraumes.

Großes Kerker-Stück

Haushoher Sieg unserer Kultur über unsere Baukunst – „auf Pedellebene" ...

aber in dieser Stadt gehörte eigentlich noch nie für einen Kulturreferenten die städtebauliche Gestaltung zur Kultur ...

und die Kultur zur städtebaulichen Gestaltung für einen Baureferenten.

Im Plärrer 8/2001 bezeichnete J. Schmoldt den unter Baureferent Dr. W. Anderle installierten Zaun als Kerker-Stück des Monats.

Nachgedanken

Die Bücher aufschreiben wollen,
Romane oder Kurzgeschichten,
Lyrik oder solche aus dem Fach,
sollten in BOTONDs Lehre gehen

das sollten alle Menschen,
die am Leben weiterschreiben:
Forscher, Techniker, Arbeiter,
auch ... der Stadtbaumeister

zu erlernen Achtung und Liebe
für ein ganz anderes Metier,
wie schwer es ist, das Seine
geringer einmal einzuschätzen

was ... retour zum Kerker-Stück,
zudem sogar bewirken könnte,
gut gelungen Festgeschriebenes
im Bereich eigenen Schaffens

zu lieben und zu achten
mehr als sich selbst einmal.

Schräg gegenüber dem Gartenzwerg mit Kerker-Stück hat am 7. Mai 2003 die Stadtbibliothek Nürnberg in Erinnerung an den 70. Jahrestag der Bücherverbrennung im Pellerhaus eine Ausstellung des renommierten, in Nürnberg ansässigen Bildhauers BOTOND eröffnet. BOTOND ist dafür bekannt, Büchern höchsten Wert zuzumessen. Deswegen schweißt er sie in Metallgehäuse ein und formt damit plastische Objekte.

Die Ex-Stadt der Reichsparteitage mahnt
mit einer Attraktion

Beim Anblick seines Werkes „Gespaltener Watzmann", im Maßstab eins zu zehntausend, wurde dem Star-Designer klar, wie er mit der Wettbewerbskreation für das Nürnberger Colosseum zu verfahren hatte, obwohl es galt, sich in diesem Falle sogar mit anderen zu messen.
Er würde dem Modell, allerdings wesentlich größeren Maßstabs, wiederum einen schrecklichen Schlitz einhacken. Nicht von oben nach unten, sondern total quer durch. Das Knirschen & Krachen der im Atelier umherspritzenden Gipsbröckelchen war schon in seinen Ohren und er dachte, daß wiederum die erstbeste Idee das Beste sei ... und Mutigste.
Trotzdem hat sich der Meister mit seiner Schöpfung verrechnet. Für ästhetischer, sinnvoller, logischer hielten alle Meister des Beurteilens jenen Vorschlag, der die steinerne Wucht Albert Speers nicht weniger ängstlich mit einem dynamischen Dekonstruktivismus vernarben wollte – ein bißchen am Nebenbau.

Zur einen Hälfte der zukünftigen Besucher – werden sich die Preisrichter gedacht haben – solchen, denen alles Monströse von den Ägyptern bis zur Postmoderne gefällt, wird die andere Hälfte, die nichts schöner, ehrlicher, wahrheitsgemäßer, ja demokratischer als schräges Glas findet, addierbar sein.
Hätten ein paar der Beurteiler mit dem Gedanken gespielt, dem Monster etwas zu subtrahieren, sie wären damit sicherlich nicht weit gekommen.

Ein Schweinauer Rentner, der nach seiner Entlassung aus Dachau 1937 Baugruben im Reichsparteitagsgelände ausschachtete, wird daher weiterhin nur in seiner Phantasie Menschen aus allen Teilen Deutschlands eintreffen und der Kongresshalle zum Volksfestplatz hin Brocken um Brocken herausreißen sehen – Jahr für Jahr am Geburtstag des Führes ... solange, bis keiner mehr infrage stellt, das tun zu müssen.

Entstanden aufgrund des Wettbewerbsergebnisses „Dokumentationszentrum".

Im Hauptgang
vom Bohnhuf wärst schtinkärt,
denkst: Herrschaftsnumollnei,
ärscht ab dem Gleise zwanzich
kumma blouß nu zwei

dann is ä
querverklinkert!

Sonderbar

Erkannte ein Stadtmauergedicht
für die 950-Jahr-Feier
genau dort nichts Gemeinsames
zwischen Nürnberg und Brasilia

wo der Blick hinein ins
Grasersgäßla fällt.

Das überbreite Asphaltband der Grasersgasse mündet schräg gegenüber dem Opernhaus im Frauentorgraben.

Tod des Nürnberg-Touristen

halb erschlagen
von graubrockigen Mauern
im Burggraben

vollenden die Attacke
auf Betonbrikettpflaster
in der Fußgängerzone

gschnörklte Kandelbaber
Papierkörb & Bänk ...
des ganze Graffl dort

Nico

Gold & Silber

In der Fußgängerzone
statuiert täglich
auf goldenem Würfel
der goldene Mann

wippt mit seinem
goldenen Schuh,
schleudert seine
goldenen Hände.

Klingeln Münzen
im goldenen Gefäß,
faßt der goldene Mann
an die silberne Nase

die goldene kann er
sich nicht verdienen.

Nico

Aus dem Krieg geriet er auf die Baustellen in der Sebalder Alt-Altstadt ...
 nur Russisch verstand er und die deutschen Worte – nein, andauernde Befehle waren es: Nico Steine! Nico Mörtel! Nico Gerüst!
 Damit versorgte uns pausenlos der kleine Nico. Unbegrenzt antreiben ließ er sich nicht. Wurde ihm es zu bunt, schmiß Nico vorwarnungslos Ziegelbrocken um sich, mit aller Kraft. Einmal traf sein Geschoß den Parlier. Deswegen saß er aber keinesfalls jedesmal zur Brotzeit allein vor der Baubude.

Ich glaube, Nico war's, den ich durchs Fußgängertunell gehen sah. Gealtert, zerlumpt, geschrumpft ...
 aber er schritt ziemlich rasch vorwärts. Sein Gesicht vermummten Schalstücke. Über den Kopf hatte er eine Pelzmütze gezogen – im August.

Dienerschaft

Hinter dem verschnörkelten Gartentor des Erlenstegener Herrschaftshauses wartet lebensgroß neben dem Rhododendron ein blau livrierter, etwas platt geratener deutscher Diener.
 Zu den Aufgaben des indonesischen Hausmeisters gehört die regelmäßige Reinigung der hölzernen Figur mit Seifenwasser.

Erlenstegener Präparation

Mir Entgegengehende schaue ich nicht so genau an, mir Entgegenjoggende schon. Erst recht, wenn sie im auserlesenen Design durchs feudale Gebiet daherrennen.
 Gestern abend registrierte ich über seine atemtechnischen Grimassen hinaus, wie er die Mundwinkel verzog, auf einmal einen hämischen Gesichtsausdruck bekam, als hätte morgen der Konkurrent nicht Gutes zu erwarten von ihm.
 Vollends bekräftigten meine Annahme ein paar wie nachtretend wirkende Schlenkerer des rechten, im Adidas steckenden Beines.

Enttäuschend

In der Straßenbahn saßen mir die alte Frau gegenüber und das Hündchen.

Sie bat mich darum, ihr meine ausgelesene Abendzeitung zu überlassen. Dann stellte sie fest, daß ich dem Beruf eines Malers nachgehen müsse.

Wiederum Ungewöhnliches witternd, wie damals, als mir eine Dame ihres Alters außergewöhnlich geistig-künstlerische Ohren bestätigte, fuhr dieses Mal meine Gesprächspartnerin fort mit den Worten: „Einen Tüncher bräucht' ich ... einen Tüncher, der mir die Küche streicht!"

Kindkartler

Sie wissen nicht, was Kindkartler sind?
Macht nix, ich erklär's schnell:
Kindkartler sind junge Männer, Gelegenheitsjobber mit verdienenden Freundinnen oder Ehefrauen, die schafkopfend in rauchigen Wirtshausstuben umeinanderhocken. Dabei bewahren Kindkartler ihre Babys liebevoll im Schoß auf.

Trotz Karteln in zwei Händen, greifen sie zwischendurch an eines der in blauen Strickoveralls steckenden Beinchen, um es zusammen mit dem Eichelober oder der Schellnsau auf den Tisch zu hauen.

Dann quietschen die Kleinen vor lauter Vergnügen, jetzt schon!

Zwei Nürnberger wollen nicht fort

Hocken im STERNBRÄU vor ihrem Bier.

Siebzig und grau der eine, achtzig und eisgrau der andere. Reden vom Alter, vom Siechtum.

Fragt der Jüngere hastig: „Wäi lang bleima nu?"
Antwortet der Ältere: „Hob die Rechnung scho bschtällt, zohl a alles!"

„Na, na", darauf der Graue, „suu hob i des net gmaant!"

Gegenseitigkeitslos

„Des gfällt ma, wenn mei Club gwinnt, wenns nan gout geht, jeda Träffa freit mi, a gouts Gschäft von denan is für miech as Wichtigste!" ... die Rede des Schaschlikverkäufers zur wartenden Kundschaft.

Da fragt jemand, ob er denn schon einmal erlebt habe, wie der Fußballverein ihn anfeuere, seinen Grill entfache, damit sein Laden floriere, Beifall geklatscht wird den würzigsten seiner Spieße?

Ziellos

Vor mir kam noch die Dame, denn vor ihr der Herr im feinen Ledermantel war dabei, sein Zugbillett im Empfang zu nehmen.

Da sprang aus der Nebenschlange blitzschnell einer herüber, entriß diesem Herrn die Fahrkarte und tauchte mit drei, vier gewaltigen Sätzen zwischen den Heran- beziehungsweise Davonreisenden unter.

Dachte, daß es einem Straßenräuber egal sein kann, wohin die Fahrt geht, als ich das Fräulein durchs Sprechloch herausfragen hörte: Noch amoll ärschter Klass nach Badn-Badn?, was mich allerdings stutzig werden ließ.

Das Wechselgeld

Der Brezenmann steht immer am gleichen Platz hinter seinem Karren ... kauf' zwei Laugenbrezen, reich' ihm über seinen Plastikbehälter hinweg einen Fünfeuroschein mit der rechten Hand.

In diese gibt er das Gebäck, in meine ausgestreckte linke erst zwanzig Cents, dann dreimal nacheinander einen Euro, zählt dabei: „Eins, zwei, drei, vier" ...

aufgrund neuerdings beibehaltener Armlage nochmals drauflegend: „und eins ist fünf!" ... denn vorige Woche, ums Eck schon herum, bin ich dahinter gekommen, was von mir nicht lang genug ausgestreckt zu haben.

Im April weiß der Nürnberger alles

In der Nebenstraße vor dem Schaufenster wartend, hörte ich die Auswärtige den schwarzhaarigen Jüngling nach einem Schirmgeschäft fragen. Der antwortete:

„Alles genau kenne, müssn Weg weite bis Numma dreizwanzig, dann links Gaßle zwei Minut vorlaufn, rechts hoch Trepp, nochemal links ...

dann kommt nächste Platzregn, abe scho davor!"

Beim Südstadturologen

Mein Platz ist vorn im Wartebereich, wo man sich krank an- und gesund wieder abmeldet.

Vom Treppenhaus her kommen eng hintereinander zwei durch die Türe: zuerst der Ältere mit einem grünen Hütchen auf dem Kopf, dann der turbangekrönte Jüngere im gelbseidenen Umhang, dicken Sandalen unter seinen braunen Füßen, hager, schwarzvollbärtig ... ein wenig zögernd. Die Sprechstundendame begrüßt den Vorläufer, dann den Patienten.

Mir wird klar, daß die zwei erwartet wurden, denn über ihren Computer hinweg fängt sie sofort damit an, den Vorläufer – meines Erachtens türkischer Herkunft – auszufragen:
nach Salems Nachnamen, Beruf, Telefon, Geburtstag, Alter, Gewicht ... wobei ihr der Türke bestimmt eine seltene indische Mundart komplett zufriedenstellend dolmetschte.

Zum Abschluß weist Frau Monika den Ausgefragten unmißverständlich an, am Flurende links bei der Kollegin mit Salem ins Pappbecherchen zu pinkeln. Beide verschwinden wiederum eng hintereinander meinem Gesichtsfeld.

Die damit freigegebene Befragung durch den nicht minder schwarzvollbärtigen Urologen stelle ich mir noch interessanter vor.

Happy Meal

Das Gewitter trieb mich in eine Fensternische der McDonald's-Ecke, in diese neben mir die elegante Dame mittleren Alters und drei andere: den kunterbunthaarigen jungen Mann, dessen T-Shirt mit „Assi" bedruckt war, und zwei langhaarige Mädchen ... ein zerlumptes, verdrecktes Trio samt vier sauberen, wohlgenährten Hunden ... aufs Betteln aus.

„Hey man, haben Sie ein paar Cents?" rief trotz des Regens der Männliche noch vorbeieilenden Passanten zu – hoffte vielleicht, ihnen möge der Gedanke kommen, sich unterzustellen ... dann derjenige, ihr Portemonnaie zu zücken. Alles umsonst. Kein Mensch sah überhaupt her zu ihm und sein glattfellig braunes Hündchen mit Halsschleife, niemand reagierte auf seine weniger lauten, nachgeworfenen „Nullchecker" oder „Verpisser". Nur erkennbar Ältere blieben unbehelligt von seinen Anrufen ... von weitem schon wird er ihnen das „Endlich arbeiten!" oder manchmal gar „Gleich erschießen!" von den Lippen abgelesen haben.

„Ein Cheeseburger wär' endgeil, hab' ich einen Kohldampf!" plötzlich seine Rede zur Überdicken der beiden Partnerinnen, als die bis jetzt teilnahmslos erscheinende, von den dreien unbeachtet gelassene Dame aussprach: „Kommen Sie mit, ich bezahle Ihnen den Cheeseburger!"

„Is wahr", seine Reaktion, „is wahr?"

„Ja, ich geh' mit Ihnen in den Mc-Donald's, da können Sie sich was aussuchen ..."

„... und es wird bezahlt?"

„Ja, ich bezahl' alles für Sie und Ihren Hund!"

„Is endgeil, cool man, ich soll mit!" seine leisere, zu sich selbst, den beiden Begleiterinnen und der Gönnerin gegenüber formulierte Zustimmung, bevor er die Hundeleine dem überdicken Mädchen abgab, um der Dame nachzukommen.

Ein angewachsenes Interesse veranlasste mich dem Fortgang der Geschichte in den Ketchup- und Mayonnaisentempel zu folgen.

Drinnen sah ich den Bunthaarigen, seitlich hinter der Dame plaziert, nicht nur auf beleuchtete Cheeseburger-, sondern auch auf Hamburger-Royal-, McRib-, Chicken-Special- sowie Chicken-Mc-Nuggets-6,9,20-Abbildungen deuten, die Dame dabei jedesmal zustimmend nicken. Zuletzt schien die indirekte Übereinkunft auf den oder das Happy Meal gefallen zu sein ... wobei mir, als McDonald's-Ignoranten, keine der Köstlichkeiten was sagt.

Die ganze Zeit über ließ eine Chinesin hinter der Theke null Zweifel daran, daß dieser Schnorrer viel zu wenig Euro im Beutel hat, änderte ihre Haltung aber schlagartig mit dem unmißverständlichen Fingerzeig nun der Dame zuletzt aufs Happy Meal. Mit einem großen Schein bezahlte sie das umwickelte Produkt.

Anschließend drückte die Spenderin dem komplett verwirrt wirkenden Hungrigen noch was in die Hand – vielleicht das ganze Wechselgeld.

Bestimmt wird er damit drei Dutzend Kolbs-Laugenbrezen für seine zwei- und vierbeinigen Genossinnen und Genossen erwerben.

Vanille für den Papa

Der junge Mann saß dort auf dem letzten Stuhl der Caféterrasse, wo das Trottoir wieder beginnt. Wohl deshalb, weil er nicht bedient werden wollte. Am Laternenpfahl lehnte sein Fahrrad mit dem Kindersitz. Der hinein gehörende Inhalt hing den Bauch des jungen Mannes hinauf über die Schulter, schlief ein bißchen, während ihm der in sein Buch vertiefte Papa das Wuschelköpfchen kraulte. Italienisch wirkten beide, wobei das dunkelhäutige Kind auf eine aus einem noch südlicheren Land kommende Mama schließen ließ.

Unvermittelt brach er die Lektüre ab, wollte aufstehen. Da begann ein rechtes Geschrei. Sofort war der Ober zur Stelle – bestimmt auch Italiener – und fragte den Vater, ob er dem Nachwuchs ein Eis spendieren dürfe, damit sich alles wieder beruhige.

„Ja, gerne", erwiderte der Papa, „aber bezahlen kann ich jetzt nicht!" Der Landsmann ließ jedoch wortreich an der Tatsache einer Spende keinen Zweifel aufkommen.

„Vanille oder Erdbeere?" fragte er zuletzt.

„Vanille, er mag Vanille!" hörte ich den Vater erwidern. Ein kleiner weinender Luigi also, dem dreißig Sekunden später der Servierer die Waffel mit der Eiskugel unters Näschen hielt.

Für Luigi war das aber Anlaß, den Kopf scharf abzuwenden, sich in ein noch üleres Geplärre hineinzusteigern, als hätte man ihm keinerlei Vanille angeboten.

Deshalb übernahm das Präsent sein Papa ... der schämte sich dabei ein wenig ... schleckte am kostenlosen Eis, packte den renitenten Filius behutsam aufs Kindersitzchen, schwang sein kurzbehost-haariges Bein über den Rahmen, radelte mit einer Hand am Lenker davon.

Redewillig

Am Brückengeländer angelehnt sah ich jemand mit ausgestreckten Beinen sitzen.

Angekommen, wurde mir klar, auf einen Alkoholisierten gestoßen zu sein. Das angebrochene Dosenbier stand in Reichweite auf dem Asphalt.

„Möchten Sie aufstehen?" fragte ich den zwischenzeitlich ganz und gar in den Gehsteig abgerutschten Mann. Er hatte graue, glatt nach hinten gekämmte Haare und steckte in einer nicht billigen, blaukarierten Joppe.

„Na, nein!" knurrte er, um jammernd anzufügen: „Ich bin unten, am Boden zerstört, ich bin am Ende, mit dreiundfünfzig!"

„Warum denn? Sitzen bleiben können Sie hier nicht!"

Dann sprach er schwer aus: „Kein Mensch hat Zeit, kein Mensch mehr will reden!"

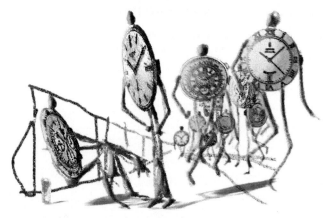

Nun wußte ich, daß der Mann mit mir ein bißchen plaudern wollte, ich eine Zeitlang stehen bleiben mußte.

„Warum hast du keine Zeit? Sag's mir!" ... aber nichts anderes konnte ich erwidern, doch gerade Zeit zu haben und zu reden, was ihn nicht davon abhielt, mir noch einmal Zeitmangel samt Redeunwilligkeit vorzuwerfen. Plötzlich sprach er fordernd: „Hilf mir hoch, du gehst mit in meine Wohnung!" Ich zog den Mann in die Höhe, erinnerte ihn an sein auf dem Geländer deponiertes Handy, nebendran an seinen Knirps. Er verstaute beides in die Joppentasche und schwankte zum Pinkeln ein Stück ins Kohlfeld.

Den rechten Arm um meine Schulter gelegt, begleitete mich der Mann nachher bis vors Dorf. Dabei versicherte er mir andauernd, einen Scheiß daherzureden, weil ich keine Zeit für ihn aufbringe, keiner Zeit für – da wollte ich ein Gespräch beginnen davon, daß anderen gegenüber auch seinerseits Bemühungen – als das Polizeiauto heranfuhr, dem zwei Ordnungshüter entstiegen. Sie kamen uns entgegen und fragten, ob alles okay sei, ob jemand vor zehn Minuten auf dem Brückengeländer gestanden wäre, eine Passantin hätte sich besorgt gezeigt.

„Ich doch nicht, dafür häng' ich viel zu viel am Leben!" versicherte der Mann und ließ ein bißchen von mir ab. Das habe ich genutzt, um mich aus dem Staub zu machen ... obwohl ich Zeit hatte.

In Eile

Ein wenig plaudern wollte ich ... bemerkte deswegen gegenüber dem auf der ersten von vier Alleebänken niedergelassenen Mann, daß er so dahocke, als erwarte er was, na ja ... als hätte er vor, mit mir diesbezüglich ein paar Worte zu tauschen.

„Keinesfalls!" grantelte daraufhin der Alte, „reden will ich nicht, aber auf was warten, das tue ich schon!"

„Auf was denn?" meine Frage.

Nun informierte er mich über seine Gepflogenheit, immer so lange sitzen zu bleiben, bis ein Hund vorbeikommt, auf dem Weg da vor ihm. Egal, ob von links oder rechts, gleichgültig fände er auch Alter und Rasse des Tieres.

„Normalerweise kommen um diese Zeit Hunde, aber heute scheinen die Vierbeiner ausgestorben zu sein", stellte ich fest.

„Ja! ... und dann pressiert es mir jeden Vormittag!" schimpfte er vor sich hin.

Wünschte dem Mann seinen Hund, um quer übers Wieschen in den Supermarkt zu laufen.

Nachher, als ich durchs Gebüsch einen Blick auf die Bänke hinüberwarf, wurde mir sofort klar, daß es der Alte jetzt noch eiliger haben mußte ... und kein Hund war zu sehen.

Die Zeit der zufriedenen Alten

Lang und kurz sind ihre Minuten.
 Alte Leut' haben viel Zeit und nimmer viel. Deswegen pressiert alles so, oder nichts mehr hört auf.

Ihre Stunden ziehen sich dahin, wenn sie um vierundzwanzig Uhr nach dem Krimi den Glotzer abschalten.
 Um zwei schlafen's dann ein, um vier denken's ans Sterben, um sechs gehn's aufs Klo, um acht bellt drunten der blöde Hund, um zehn denken's, die Zeit läuft weg, um zwölf sind's im Tengelmann, um eins im Imbiss gegenüber, um drei gehn's übern Berg, um fünf liegen's auf der Ottomane, um sieben kommt die Rundschau, um neun meinen's, die Zeit bleibt stehn. Was um elf los ist und um Mitternacht aufhört ... am Anfang steht's schon.

Die vorderen Hälften ihrer restlichen Tage heißen:
 Mon, Diens, Mitt, Donners, Frei, Sams, Sonn. Die hinteren Hälften unterscheiden sich namentlich nicht, bis

auf den woch vom Mitt, der einmalig ist. Deshalb sind die männlichen Alten jeden woch beim Dämmerschoppen im Herrnbräu, obwohl der Tag des Herrn am Sonntag wär'.

Des weiteren bestehen ihre Tage aus aller Frühe, dem Morgen, den Vormittagen, den Mittagen, den Nachmittagen, den Abenden und den langen Nächten. Über ihre Wochen gibt's nix zu schreiben. Keine einzige hat einen deutschen Namen. Welcher oder welche Betagte könnte sich auch zweiundfünfzig Namen merken.

Über ihre Monate nachgedacht:
Bleibt im Januar „däi Hitz in da Röahn, daß blouß su brummt" und Ende Februar ist es abends nicht mehr stockdunkel wie im November, aber auch nicht glockenhell wie im Juni. Mallorca verlassen die alten Witwen im März. Wenn Weihnachten im April wäre, könnte man das Jesuskind dorthin schicken. Nichts mehr neu macht der Mai. „As da Röahn gäiht die Hitz" im Juli. Im August „sicht da Schtorch sein Schattn". Hauptsächlich im September ist das Oktoberfest, während im Dezember genausogut Ostern sein könnte.

Jahreszeiten brauchen alle Alten deswegen, damit ihre Monate nicht zu kurz kommen und ihre Jahre nicht zu lang gehn.
Jahre selbst gleichen weder den Monaten, weder den Tagen, weder den Stunden noch den Minuten. Jahre spurten schneller als Sekunden aus ihren ausgemergelten Körpern.

Es versteht sich, zuletzt auf die regulierende Bedeutung der Schaltjahre hinzuweisen, denn mein kleiner Almanach soll nichts offenlassen.

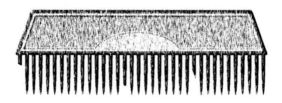

Bis zum gemeinsamen Nenner

die Kunni,
wou ihr Nosn übäoll neischteckt;
die Rosa,
wou aff ann Auch blind is;
die Luise,
wou si ass Maul zerreißt

drei,
die ihr Gebiß kämmen.

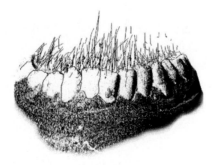

Alte Knoblauchsländerin zum alten Knoblauchsländer
nicht unfreundlich

ann babberlababb
etz hau ab
ann babberlabebb
etz sei ka Debb
ann babberlabibb
soch därs klor & klibb
ann babberlabobb
du mit deim Ponoschobb
ann babberlaböbbs
Händ wech vo die Möbbs
ann babberlabubbs
mirwäng
...
obä schwubbs!

Alter Spruch
knoblauchsländisch

weiß & blau
is dem fränkischn
Kaschpä sei Frau

obä aff die Traudln
vo däi do druntn
sin nu Rautln

Im Sonntagscafé

Da drin hock' ich am Mittwoch und am Samstag, früh um halb achte, zwei Tischchen entfernt von der blaßhäutigen Frau Schletz, die schon sitzt – bestimmt alle Tage.
    Eine ganz Gescheite. Sie war bei ihrer Tochter in Amerika. Oft habe ich den Ausflug miterlebt ... oder so was anhören müssen wie: Zwei faule Aprikosen im Netzla können gar nicht schlecht sein.
    Ihr Trinkgeld ist jedesmal gut.
    Heute schaut Frau Schletz wortlos aufs Gedeck. Da macht man sich gleich Gedanken. Sie winkt dem Servierer, um diese Zeit der Chef des Ladens selbst, wollte bezahlen: „Weil ich zum Essen bei meiner anderen Tochter sein muß!"
    Herr Isrecht lacht und verändert den heutigen Tag auf einen Mittwoch. Sie lächelt: „Ich dachte, daß Sonntag ist, ich bin schon zweiundachtzig."
    Der Rotgesichtigen gegenüber entgeht kein Wort. Nicht leise redet sie hinein: „Was die denkt, ich muß staubsaugen heut, immer am Mittwoch ...
    meine Bekannte, die weiß alles noch von allein, aber mit einundneunzig!"

Er ist Osterbein

Hans Osterbein war zu meiner Zeit ein berühmter Rennläufer in meinem Verein. Er zehnsieben, ich zwölfeins auf hundert Meter.

Im August vorigen Jahres schritt er plötzlich in Höhe des Betriebsausganges der Bundesmonopolverwaltung für Branntwein von hinten neben mich. Es muß Osterbein gewesen sein, der da herauskam nach der Arbeit. Dann lief er wieder vor mir her. Mit kurzärmeligem Hemd, Brille, glatzig, drahtig!

Zwei Wochen später die nächste Überraschung: Osterbein betrat zusammen mit Frau jenes Vorstadtwirtsstüblein, in das ich seit Jahrzehnten fast jeden Samstagabend einzukehren pflege. Nun vernahm ich seine krähende Stimme, registrierte die ziehenden Handbewegungen ... aber er qualmte wie ein Schlot, dieser Superathlet!

Daß er hier bestens bekannt war und seine Besuche nun an den Samstagen abwickelte, das hatte ich schnell aufgeschnappt. Daß der Osterbein mich nicht in Erinnerung haben würde, das war mir auch sofort klar.

Meine Zweifel jedoch wurden von Samstag auf Samstag angesichts des jetzt regelmäßig hinten im Eck sitzenden Osterbein größer: jedesmal die Schachtel Zigaretten und abschließend vier Klare, die er gut wegsteckte – vielleicht eine Angewohnheit aus der Verwertungsstelle.

An einem außerplanmäßigen Freitagabend fragte ich schließlich den Wirt, ob dieser Raucher, mit dem er morgen bestimmt wieder über den Fußballclub reden würde, Osterbein heißt.

„Nein, das ist unser Herr Gibfalter, der wohnt auf dem Bockbuck", erwiderte der Chef.

Über Wochen noch hockte ich trotzdem jeden Samstag mit dem Osterbein im Wirtshaus.

Längst wußte ich aus dem Telefonbuch die Adresse Osterbeins ... zufällig ganz in der Nähe der Bundesmonopolverwaltung. Ich lauerte zuletzt fünf Spätnachmittage hinter einer Litfaßsäule.

Dann sah ich den Hans endlich zur Haustüre herauskommen. Viel dicker, ernsthafter, distinguierter – wie er nie meiner Vorstellung entsprochen hätte.

Seither erscheint mir der Osterbein jedes Wochenende zumindest indirekt.

Der Herolds Karl

Was gäb's über ihn zu schreiben ...

wenn er nicht immer wieder einmal zustiege, und vor mir in der Straßenbahn säße, im blaugrauen Anzug mit hochgezogenen Hosenbeinen, gegen mich das rosige Rund innerhalb seines weißen Haarkranzes, die hakige Nase zwischendurch im Profil darbietend, etwas vorwärts ruckelnd beim Aussteigen ...

wenn ich nicht wüßte, daß Karl ein adoptiertes Kind der Heroldseltern war, gutmütiger tagein tagaus schuftender Personen, denen das winzige Schrebergärtchen am Bahndamm gehörte und der gewaltige Hasenstall hinter unserem Garten ...

wenn ich mir nicht gemerkt hätte, daß er schon in jungen Jahren als Elektroingenieur für Siemens irgendwo in Saudiarabien Auslandsaufträge abwickelte, für mich keinen Spatzen mit dem Luftdruckgewehr aus dem Ahorn schießen wollte, mir lieber in der Dachkammer seine Briefmarkensammlung vorführte, nachher eine Weile auf meinen Gummiball mit einhaute ...

wenn mir nicht jedesmal solche Erinnerungen kämen, solange wir gemeinsam Straßenbahn fahren ...

wenn ich es richtig fände, ihn nie mehr ansprechen, mich nie mehr ihm bekannt machen zu wollen ...

wenn ich der Meinung wäre, von ihm enttäuscht zu werden.

Teuflisch

Wer in seinem zum Veröffentlichen vorgesehenen Geschichtchen eine bestimmte Person beim Nachnamen nennen möchte, wird diese Person darüber informieren ... in meinem Fall: jene von mir seit fünfzig Jahren nicht mehr angesprochene Person namens Karl Herold.

Deshalb habe ich das Nürnberger Fernsprechbuch aufgeschlagen und die Adresse des Herold Karl ausfindig gemacht: wie erwartet Ingenieur, wohnhaft zirka zweihundert Meter entfernt von der Straßenbahnhaltestelle, an der ich ihn zusteigen sehe.

Auf mein Anschreiben hin, mit beigelegter, ihm hoffentlich wohlgefälliger Miniatur, erzählte mir zwei Tage später meine Frau abends im Wirtshaus, daß sie einen Karl Herold an der Strippe hatte ... der aber noch nie für Siemens islamische Landstriche entwickelte, sondern mit deutschen Hochwassern beschäftigt wäre, zudem von Pflegeeltern mit Riesenmümmelmännerverschlägen so gut wie nichts wüßte.

Ich wurde fuchsteufelswild, besorgte mir ein weiteres Telefonbuch aus dem Klosettvorraum, blätterte in Fürth, Erlangen, Zirndorf, Heroldsberg nach Karl Herolden ... aber es gab nur den Karl Herold aus Nürnberg in derjenigen Straße, zu der die Straßenbahnhaltestelle gehörte ... und den zierte der Titel Ingenieur.

Außerdem hatte ich Karl klar erkannt. Sogar seine Inge war einmal dabei. Da ändert ein halbes Jahrhundert null & nichts daran!

Erst Schoppen später, nachdem ich sogar meine Frau um Klärung der Angelegenheit gebeten hatte, klopfte es leis in meinem Gehirn: Der Herolds Karl kann nicht Herold heißen ... dann krachte es, als er auf einmal Auernheimer hieß, ja Auernheimer! Aber wer für ein Kind

Herold heißt, weil sich seine Pflegeeltern so nannten, der bleibt ein Leben lang der Herolds Karl.

Mein erneuter Gang bis vors Pissoir bestätigte die eingetretene Klarheit: Auernheimer Karl las ich schwarz auf weiß – zirka zweihundert Meter entfernt von der Straßenbahnhaltestelle seine Straße ... aber parallel zur Hauptstraße. Teuflisch!

Der eine Herolds Karl, mit dem ich mich nun doch wieder bekannt gemacht habe, war wie erwartet und komplett verwundert. Der andere Herolds Karl mußte auch recht lachen.

Ein Tag mit Alfred

Alfred ist mein Haus- und Hofschreiner, weil ihm und seiner Frau vom Land Haus und Hof gehören, dazu ein ostmittelfränkisches Pferd. Sein Mist kommt manchmal in unseren Garten.

Alfred tut nichts lieber als schreinern. Obwohl „nur" Geselle, erledigt er sein Repertoire wie keiner dieser neumodischen Meister.

Alfred ist gleich allen richtigen Schreinern nicht groß gewachsen. Er hat einen runden Kopf, eine Stirnglatze, anliegende Ohren, beim Schmunzeln eine leicht knollig werdende Nase, ein Kofferradio, immer noch zehn Finger mit abgeplatteten, drei Quadratzentimeter großen Kuppen. Damit verrichtet er manchmal Optikerarbeiten. Hartholz zerbeißt er zwischen den Zähnen.

Alfred schaut in meinen Plan nur dann, wenn's nicht mehr anders geht. Doch alles, was daheim hergerichtet und auf der Baustelle deponiert wurde, ist ihm Anlaß, aus dem Chaos Ordnung zu schaffen. Er labt sich angesichts der Vielzahl herumliegender Teile & Geräte an meiner Feststellung, daß jeder Zahnarzt ahnungslos sein würde über das daraus nun Entstehende.

Alfreds Montagewerkzeug ist mir gut bekannt: die unhandliche Kreissäge mit den roten Griffrädern und den scheppernden Füßen, der schwere, unter Geheule Mehl ausspotzende Hobler, die hellblaue Stichsäge, die Schattenfugsäge, kleine und große Schrauber, Hammer, Stemmeisen, Zangen, Zwingen, die eiserne Hilti, mit der man in den Beton sticht wie der Schnak ins Fleisch. Aus braunen Kartons fingere ich für ihn Schrauben sowie Dübel, aus dem aufklappbaren Blechschächtelchen Bohrer, dessen dünnster wahrhaft der eines Zahnklempners sein könnte. Hundert Mal am Tag verstelle ich die Kabelrolle, zweimal rufe ich aus: „Pack mas!", wenn es darum geht, mit ihm die Werkzeugkiste an einem ihrer winzigen Messinggriffe aus oder in seinen als grünen Freund bezeichneten VW-Kombi zu wuchten.

Alfred geht knausrig mit dem Holz um. Kein Fetzelchen landet vorzeitig im Abfall. Das komme da her, so seine Rede, weil er im Dorf bei einem Sargschreiner gelernt habe, der so geizig war, um in den Wirtshäusern und überall sonst die alten Leut' hinter ihrem Rücken schnell mit dem Meter auszumessen, damit er ihre Särge nicht zu groß anfertigte.

Alfred macht mich darauf aufmerksam, wie gut es plötzlich riecht. Er hat rar gewordenes Kiefernholz auseinandergesägt und zeigt mir lange, davon abgehobelte Späne ... „eine Kunst ist das", sagt er, „die keiner mehr beherrscht", nimmt seinen Bleistift unterm Pullover hervor, reißt die nächste Leiste an.

Alfred redet vom krönenden Abschluß, wurde diese oder jene Position erfolgreich zu Ende gewerkelt. Dann loben wir uns selbst.

„Die Jungen sind nicht mehr gschpaßig bei der Arbeit", meint er bedauernd. Abends streichelt er über das Produzierte ... egal ob es eine schöne Eichenvitrine oder eine ordinäre Unterkonstruktion ist.

„Alfred", sage ich zwischendrin, „eines Tages wirst du deinen letzten Hobler machen!"

Alfred daraufhin: „Stimmt, für den Bäcker kommt auch irgendwann der letzte Taach!"

Die Schreiner waren da

Rechts oben eierte die Balkontüre schon wieder aus ihrer Bahn. Alfred mußte noch einmal herkommen.
Dieses Mal hat er einen komplett ausgewachsenen blaßblaublond-augenbrauigen Schreinerlehrling dabei. Alfred stürzt sich sofort auf die Balkontüre, sein Lehrling folgt ihm. Beide drehen die Türe nach innen auf. Sie eiert aus der Bahn.
Der Lehrling hat unsere Standleiter herbeigeschleppt. Alfred meint, daß der Fehler oben liegt. Er steigt bis zur vierten Sprosse. Dann fragt er den Lehrling, ob das Biest angehoben werden kann.
„Die Schiene springt heraus!" antwortet daraufhin der Lehrling. Dem widerspricht Alfred und verweist auf die Biegefähigkeit von Metallzungen. Der Lehrling kann die Türe nicht anheben. Er schlägt vor, die mittlere Werkzeugkiste aus dem Auto herbeizuschaffen. Aus dieser heraus reicht zwei Minuten später der Lehrling Alfred den kleinen Inbusschlüssel. Alfred soll damit am unteren Band einen Hebel ansetzen.
Alfred kann dem Fortgang der Reparatur über das untere Band nichts abgewinnen. Das bringt den Lehrling auf die Idee, eine fünfzehner Beilagscheibe zwischenzulagern, um der gesamten Konstruktion Hub zu verschaffen. Alfred bittet den Lehrling noch einmal, das Biest anzuheben. Doch der redet über den Unsinn, schwere Bauteile so hoch anheben zu wollen, damit das Einlegen von Beilagscheiben möglich wird.
Der Lehrling schlägt nun vor, die Beilage mit dem Eisensägl aufzusägen, damit der geöffnete Ring ohne einen Hub von vorne eingehämmert und mit der schwarzen Zange zusammengezwickt werden kann. Alfred zweifelt an seinem Vorschlag.

Plötzlich redet der Lehrling davon, aus der seitlichen Autotasche den fünfer Inbus herbeizuschaffen.

Derweil will ich von Alfred wissen, ob er über die Funktion des Drehkippbeschlages Bescheid weiß. Alfred weicht einer Antwort aus, aber nicht einer Rede davon, immer erst zu denken, bevor er was macht.

Der Lehrling erscheint mit dem fünfer Inbus. Alfred hat unten das bekapselte Band freigelegt und stochert mit dem Fünfer ins geschaffene Loch. Der Lehrling fragt, in welche Richtung er den großen Inbus drehen muß. Wir deuten raumeinwärts. Der Lehrling stöhnt auf. Er kann den Inbus nicht anleiern. Alfred spricht von der Notwendigkeit, Inbuse mit der Zange anzudrehen, und demonstriert es. Der Inbus macht einen kleinen Ruck.

Der Lehrling befiehlt Alfred, die Türe von unten mit dem Hammer anzuheben. Nun kann der Lehrling den fünfer Inbus schon mit zwei Fingern leicht raumeinwärts bewegen, einen viertel Dreh nach dem anderen. Die Balkontüre hebt sich. Der Lehrling weist mich und Alfred darauf hin, direkt hören zu können, wie das Flügelholz entlang an der mit dem Stock in Verbindung stehenden Dichtung ansteigt.

Alfred und der Lehrling drehen die Balkontüre vorsichtig nach innen auf. Jetzt eiert sie nicht mehr aus. Ich übergebe Alfred für den Lehrling zwanzig Mark und ein Glas Quittenmarmelade.

Zuletzt bitte ich darum, beim Hinausgehen die Standleiter unter der Treppe abzulegen. Der Lehrling schreit herauf, ob er den Wäschekorb auch abfahren soll.

Mit großen Augen sehe ich die Schreiner durch den Hauseingang verschwinden. Mehrmals noch dringen ihr Gerede und das Wort Inbus herein an meine Ohren.

Was sonst noch so dahergeredet wird

A Schmättalingssammlä sacht:
Etz schpinnäs unsa Ärdn ei mit die Abgas vom Fliechä wäi ann Kokonn ...
wenn ma dann allä Schmättaling worn sin, kann a mi zlätzt selbä ins Kästla schpießn!

A Tschätpilot sacht:
Däi groußse Vullmilchschtraß hot si übahullt ...
iech mach jedn Toch Kondensmilchschträßla, anns affs andere, bis dä ganze Himml vull is!

A Arbeitsbeschaffer sacht:
Die Atomkraft is ideol ...
aanerseits bringts su vüll Änergie, daß kannä nu wos ärbatn mou, andererseits moust suu draf aafpaßn, daß ma immä wos zu tou hom!

A Konsument sacht:
Des mitn Müll is priema ...
je mährä unserä davoo machn, desto wänga verhungan von denän, däi wou davoo leem!

A Bauä im Wärtshaus sacht:
Däi Deppn ...
neili hob i vur meim Ackä a Schild gseng, do is Flurbereinichung draafgschtandn, obä wou i hiegschaut hob, närchads wor a rauskährtä Hausgang!

Wird eng werden

Bus nach Zabo

Der Fahrer schreit ins Mikrophon
im allerbesten Mundartton:
Leit, vull is etz mei Kutschn,
ihr sichts doch, tet aafrutschn!

Wird eng werden
1998

Unsre VAG prognostiziert:
Des geht in die Hosn,
sinn die Arbeitslosn
in fünf Johr halbiert

dann is zwaatausnddrei
ka U-Bohnsitz mehr frei,
Herrschaftszeitn numollnei!

Formuliert ein Benutzer öffentlicher Verkehrsmittel:

Weil es mit dem Betreten der Warteinsel
nichts Zufriedenstellenderes gibt
als seine geradewegs ankommende Straßenbahn

ist kaum etwas ärgerlicher in jenem Moment
als seine geradewegs Davonfahrende.

Umsteigen in die 8er

Schnellst vom Platz,
bist in der Hatz,
ahnst das Malheur

wie sprach zu mir
der Kontrolleur:
Ihr Achtä fährt
blouß grod davoo,
wall wiedä anne kummt
...
sins froh!

Der öffentliche Nahverkehr oder das Große & Ganze

In jungen Jahren gehörte er zu den gewissenhaften Bussen. Am wichtigsten war es für ihn, allen An- und Abfahrtszeiten bei den vielen Haltestellen gerecht zu werden.

Erst später wollte er dort jedesmal vorzeitig eintreffen und wieder abfahren. Dann lehnte der Bus Zwischenstopps überhaupt ab. Ihm kam es nur noch aufs Große & Ganze an ... was in seinem Falle bedeutete, über die letzten Jahre hinweg so lange wie möglich ...

und jetzt für immer an der Endstation stehen geblieben zu sein.

Viel zu teuer

In einer Hand die Streifenkarte und den noch ausgezogenen Knirps, in der anderen das Portemonnaie und zwei am Stand beim U-Bahnabgang in größter Eile erworbene Brezen, hinter mir andrängelnde Leute ... froh darüber, das Zeug bei den Stempeluhren im Stoffbeutel versenkt zu haben.

Aus ihm fingerte ich zwei Stationen lang Gebäckweichteile. Dann hieß es: Raus aus dem Pegnitzpfeil und hinauf zum Umsteigen in die 8er!

Als sie angefahren kam, verstülpte ich noch schnell den Stoffbeutel im Zusammenhang mit den unauffindbaren harten Resten des Gebäcks. Schirm, Geldbeutel, Tippexfläschchen, Umschläge, Tablettenschächtelchen kugelten mir dabei aufs nasse Pflaster. Diese 8er fuhr ohne mich ab.

In der nachfolgenden Linie hatte ich sofort einem VAG-Beamten meine Streifenkarte aus dem eingeweichten Sack zur Kontrolle herauszufischen.

Anschließend kosteten mich zwei Kolbs-Laugenbrezen einundsechzig Mark vierzig.

Für eine Laugenbreze bezahlte man damals siebzig Pfennig, für das Fahren ohne gültigen Fahrausweis sechzig Mark.

Echt beschissen
1979

Gestrenger Herr VAG-Oberkontrolleur,
Sinn & Zweck dieses Schreibens ist es, meinem Ärger Ausdruck zu verleihen über folgenden Fall:
Unterwegs in der Straßenbahnlinie 9, mußte ich um acht Uhr einundvierzig gegenüber einem Ihrer Fahrscheinkontrolleure zugeben, beim Einsteigen einfach nicht aufgepaßt zu haben. Blitzschnell seine Reaktion, mir die Streifenkarte aus der Hand zu reißen für einen Sekundenblick auf die fehlende Entwertung.
Meinem Einwand, „Schwarzfahrer" auch differenzierter einordnen zu können, entgegnete er: „Sie müssn aufpassn, goutä Moh, im Schtraßnverkehr is des genauso, da können Sie auch nicht daherredn, da und do hob i net aafpaßt, goutä Moh!" Forderte zwanzig Mark und entschwand sofort am Maxfeld.
Da ich als Nichtautofahrer häufig Busse & Bahnen benütze, dabei oftmals über etwas nachdenke – beim Einsteigen, unter der Fahrt, beim Aussteigen –, wird die Wahrscheinlichkeit groß, irgendwann eine Entwertung einfach zu vergessen.
Na ja, genügend schwarzsilhouettige Plakatköpfe hat die VAG schon herumhängen ... mit der Versicherung, nicht zwischen Vergesslichen, Uninformierten und Bescheißern unterscheiden zu können. Aber ich glaube, Sie wollen gar nicht differenzieren – wenn zum Beispiel eine Fahrkarte gestern und vorgestern abgestempelt wurde, freie Abschnitte für morgen und übermorgen enthält ...
obwohl dieses Mal nur Ihr Prüfer echt beschiß: Denn in Höhe der Wurzelbauerstraße bescheinigte mir ein intensiv nachgeschobener Blick aufs Ihnen hiermit noch beigelegte Dokument meine „doppelte" morgendliche

Zerstreutheit: Ich hatte korrekt um acht Uhr dreißig entwertet – wahrscheinlich nur, weil ich in Gedanken war.

Noch eines, Herr Oberkontrolleur: Auch in der Nämbärcha Straßaboh möchte kein Mensch gern mit gouta Moh oder goutä Fraa angeredet werden!

Die VAG erstattete mir unaufgefordert zwanzig Mark zurück.

Eine Stunde Verlust

In der vergangenen Woche gönnte ich mir die schöne Herbstnachmittagswanderung durch das Hersbrucker Land. Krönender Tagesabschluß sollte unsere ab achte beginnende Schafkopfrunde im Bräustüberl sein. Deswegen krönend, weil mir jedsmal um elfe vierzig Mark Gewinn verbleiben.

Fünf Minuten vor der Abfahrt meines Zuges stand ich am Haltepunkt Reichenschwand ... und wartete und wartete ... eine Viertelstunde ... eine halbe Stunde ... bis es aus dem Lautsprecher tönte, daß die um neunzehn Uhr zwei abfahrende Regionalbahn 614 024-1 nach Nürnberg wegen Personalmangel ausfallen mußte, mit der nächsten Verbindung ab zwanzig Uhr zwei wiederum gerechnet werden könne. So was habe ich noch niemals gehört!

Aber auch noch niemals habe ich die Zugbeförderungskosten für fünf weitere Überlandpartien um je zwei Abschnitte auf der Streifenkarte gekürzt: zusammen vierzehn Mark zwanzig Strafe für den entgangenen Kartelgewinn von achte bis neune!

Der Pendolino
1997

Seit längerem schon sorgt ein Regionalschnellbahn-System der DB für beste Verkehrsverbindungen zwischen dem Wirtschaftsraum Nürnberg und Ostbayern. Wie an einem Baum klettern moderne Triebzüge, volkstümlich genannt „Pendolino", den Stamm bis über Hersbruck hinauf, um sich nach Pegnitz beziehungsweise Neukirchen bei Sulzbach-Rosenberg zu verasten und dann weiter ins Oberfränkische und Oberpfälzische auseinanderzuzweigen ... über die Höhen der Alb hinweg in andere Flußsysteme, zu anderen Gebirgen.

„Fremdartige" Städte an Gewässern, die zur Donau oder Elbe hinfließen, sind uns auf einmal so nahe wie Ansbach oder Neustadt a. d. Aisch. Umgekehrt kann ein Naabtaler nun um acht aufbrechen fürs Frühstück in der Noris, drei Stunden später wieder daheim sein.

Grund genug, in einem „Nürnbergs hohe Qualität" anführenden Buch über diese Einrichtung, mit der wir schnellstens fortkommen, lobende Zeilen zu verlieren ... und sich nochmals die vom Pendolino angefahrenen Endpunkte Hof, Bayreuth, Weiden, Schwandorf, Furth im Wald ins Gedächtnis zu rufen.

Einsteiger erwartet keine langsame Fahrt. Eine weiße Linie, die man in den Durchgangsbahnhöfen aufgepinselt hat, fällt auf. Weder Schulkinder noch Hunde sollen mitgerissen werden, sagen die Leut' und achten darauf, daß sich nichts derartiges vor dem Strich befindet, wenn das Signal grün aufleuchtet.

Ungefährlicher warten für die Passagiere an den hinteren Bahnsteigen des endlos breiten Nürnberger Hauptbahnhofes zusammengekoppelt zwei, manchmal drei

51750 Millimeter lange Dieseltriebzüge 610, damit später ab Pegnitz oder Neukirchen zwei „Pendolinos" weitermachen können. Einen gemeinsamen Nenner haben alle Linien des Systems nur in der geraden, 160 Kilometer pro Stunde erlaubenden Strecke entlang der Pegnitz bis dorthin, wo die Berge den Fluß zum Umknicken zwingen. Deshalb ist das Stehen & Anfahren – begleitet vom gleichmäßigen Tuckern, vom bis zum Pfeifen ansteigenden Tönen, vom achtmaligen Türpiepsen, vom Erzittern aller Klänge, vom in eine höhere Lage übergehenden Dröhnen und Summen, vom sich verengenden Gleisbündel, vom erneuten sekundenlangen Pfeifen – der Auftakt einer Schnellfahrt bis Hersbruck. Ab Erlenstegen kommt es – mit abfallenden, aber gleich noch weiter aufbäumenden Lauten, mit quietschendem Luftzug, mit ruckelnden und ratternden Schienenschlägen, mit einer Symphonie von stumpfen und spitzigen, langen und kurzen Geräuschen – zur rasantesten, jedoch in einer angenehmen, fast leisen und einschläfernden Phonstärke endenden Fortbewegung. Unangemessen hoch erscheint die Geschwindigkeit für das intime Tal. Bäume und Büsche jagen gestreift am Fenster vorbei. Autos auf der Bundesstraße lassen wir wie nix hinter uns. Vor Lauf deutet die weißbauchig-türkisfarbene, neuerdings auch feuerlöscherrote Rennechse an, was sie kann. Doch erst bei Hohenstadt, wo man die Ebene nicht mehr auf Nürnberg bezieht, fallen die Scheunengiebel plötzlich nach vorn oder hinten. Nun führt der Blitzzug vor, wie er enge Kurven mit hoher Geschwindigkeit durch Neigung bewältigt.

Nach dem Besteigen dieses „NeiTechgerätes" hätte ich mir besser nicht gesagt: „Setz dich in die Mitte, da siehst du am meisten, da kannst links und rechts hinausschauen!", weil ich immer wieder so in Schräglage bin, daß im Fenster auf der einen Seite lediglich Baumwipfel und

Himmel erscheinen, gegenüber das näheste Gelände oder der untere Bahndamm.

Schon ab Neukirchen reden Zugestiegene in einer anderen Sprache. Sagen: „Schnäll gaihts" oder „schön ist der Plotz schonn", bewundern das flotte Design. Doch dann bemängeln sie ein bißchen die Enge zwischen den Einzelsitzen, gehen zu den freieren Tischplätzen. Heimwärts war es mir nicht mehr fremd, als die ältere Frau ihrem noch älteren Mann zuredete: „Siggstdass, etzat bist umgfalln, wallst ma nix glabst, des mou doch net alles nach deim Kupf gäih, du waßt as doch, wäi schnäll ma fohrn!" Anschließend hangelte sich das Pärchen zur violetten ersten Klasse. Die Passagiere kommen trotzdem aus nicht arg weit auseinanderliegenden Gegenden, aber aneinander vorbeireden täten's glatt ohne die hochdeutsche Sprache. Ein Alkoholisierter blieb auf die nicht ganz verständliche Aufforderung des böhmerwäldlerischen Schaffners regungslos überm Tischchen hängen. Sein einwandfrei formulierter Satz: „Hallo, wir sind am Ziel, bitte aussteigen!", ließ ihn sofort aufspringen.

Es kostet Zeit & Geld, alle Pendolinostrecken zu befahren ... herauszufinden, wie und wo unter der Geschwindigkeit die Landschaften zusammenfließen. Pendolinos vereinheitlichen meinen Sinn auf größte Distanzen – aufs „kleine Ganze" sozusagen –, denn es geht immer nur quer bis zur „östlichen Wespentaille" der Republik. Im Gegensatz dazu die längst aufs „große Ganze" ausgerichteten ICEs. Doch das Gefühl, in kürzester Zeit bequem und gut unterhalten weit weg anzukommen, kann phantastisch sein – bezogen auf eine nahe Fremdartigkeit, die zu erleben wir verlernen.

Bayreuth läßt nicht mehr lange auf sich warten, wenn das gewundene Pegnitztälchen sogar für die Kurventechnik des 610ers zu eng geworden wäre. Ab Vorra stechen die Schienen schnurstracks gerade durch ein Tunnel nach dem anderen. Sie heißen „Hufstätte", „Sonnenburg" oder „Gotthard". Für zwei Wimpernschläge gibt es zwischendrin seitliche Aussicht auf das selbstverständlich immer gleiche Flüßchen, auf die Straße neben ihm, auf helle, grau gesprenkelte Felsformationen, auf Dächer & Fachwerk, auf im sonnigen Wiesensegment weidende Schafe. Zuletzt dauert es aber doch, bis Creußens Kirchturm vorbeigeflogen ist, alles offener, baumiger, grasiger wird ... der Zug zwischen Bauwerken und Sportanlagen ausrollt.

So klar endet die Reise hinter den Bayerischen Wald nicht. Nachdem die gekrümmten Ackerstrukturen vor Sulzbach-Rosenberg zurückgewichen sind, könnte das Ziel erreicht sein. Stahlwirrwarr & Fabrikhallen zeigen einen industrialisierten, dicht besiedelten Raum an, auf den die Amberger Mariahilf-Berg-Kirche heutzutage allerdings nicht mehr so gnädig herabschaut. Dennoch setzt sich die Fahrt übers Vilstal hinaus bis ans sandige Naabufer fort. In Schwandorf wird der Motor abgestellt, aber – als ob von vornherein das richtige Ende versäumt wurde – hin und wieder geht es noch einmal los ...

zur „Überfahrt" nach Roding, nach Cham am Regen und zuletzt ein Stückchen das Chambtal hinauf bis zum Grenzstädtchen Furth im Wald. Das Wort Überfahrt habe ich nicht deswegen gewählt, weil der Pendolino vielleicht eine zweite Alb überwindet, sondern weil er durchs fast vierzig Kilometer lange Bodenwöhrer Waldgebiet rauscht, ich darin wie in einem Schnellboot durch den See gleite, mir von weit vorne tausendfach Kiefern & Birken in verschmelzenden Grüntönen entgegenrasen, aus meinem Gesichtsfeld spritzen, während sich unten der von Ginster und Königskerzen blaugelb gesprenkelte Weg schlängelt.

Die Eigenschaft eines westöstlichen Endpunktes kann auch Weiden für sich beanspruchen. Nach dieser Stadt steht noch dunkel der Oberpfälzer Wald. Da hinein ist auf meiner Generalkarte die in Eslarn endende Bummelstrecke verzeichnet. Auf dieses Bahnerlebnis, dessen Radien den „Mini-Pendolino" erforderten, muß ich wohl verzichten. Längst werden die Geleise abmontiert sein. Dafür habe ich vor der Reger-Stadt eine ähnliche, aber kürzere Überfahrt durch die Freihunger Wälder und zur Heidenaab abziehendes Wasser ... bis Tennisplätze, Schlote, Hochspannungsmasten, Brücken, in den Backsteinfassaden eingeschlagene Fenster & Laderampen die reine Melodie mißtönend machen.

Fahrgäste Richtung Hof verabschiedet der alles überragende Kegel des Rauhen Kulms, bevor der Triebzug zwischen Steinwald und Fichtelgebirge ins lange Tunnel fegt, nahe an der kamelhöckrigen Kösseine. Weder landschaftsgegeben noch inländisch durch das Verkehrsaufkommen bedingt, hört es in der Ansiedlung oberhalb der Sächsischen Saale auf.

Bereits ab Marktredwitz ist der Pendolino auf eine über Plauen nach Leipzig führende, aber noch nicht – entsprechend unserer „Zeit-ist-Freizeit-Mentalität" – zu arg begradigte Hauptlängstrasse eingeschwenkt. Vorerst gestattet sie Fernblicke ins „Egerländische", Einblicke von „hinten" auf Ochsenkopf & Schneeberg, später auf den Waldstein. Dazwischen, bei Röslau, haben zweimal 660 PS die Reisenden so hoch wie den Moritzberg gebracht: nämlich 600 Meter über NN.

Aus „Städtebilder"

Die Zeit im Zug bis Hohenstadt

In Erlenstegen bin ich zugestiegen. Hingehockt, erreichte mich bald von den vorderen Sitzen her eine Männerstimme, die etwas vorlesen mußte, denn eine weitere Männerstimme sprach: „Mach ruhig weiter!"

Ich lauschte nun ebenfalls. Es ging über die Zeit. Bestimmt das eigene Werk des Vorlesers.

Bei Behringersdorf hat er betont, wie wichtig die Zeit für Banken & Sparkassen ist, beim Haltepunkt Ludwigshöhe erklärt, warum die Zeit zu zweit ist – auf Mahl & Brot verweisend.

Während des längeren Stopps in Lauf der klare Satz: Mit der Zeit kann sich der Mensch ein gutes Abendessen im Wirtshaus leisten, auch mehr Miete.

„Hörst du noch?" fragte zwischendurch der Poet den Zuhörer.

Nach Reichenschwand redete er vom schlimmsten Feind einer Zeit – der Zeitlosigkeit – und davon, daß die Zeit anschließend faulen, ebenso im Kiosk aufliegen kann, darüber hinaus immer einen Verband mit sich herumschleppt.

Ich habe mir vorgestellt, wie die zwei aussehen. Ich will jedoch nicht auf meine Vorstellung zurückgreifen, sondern Ihnen selbst den Eindruck über die sicherlich jungen Leute entwickeln lassen. Vielleicht übte der Zuhörer sogar die Profession eines Artdesigners aus und bebilderte schon andere Essays des Meisters.

Ab Hersbruck wurde das Werk schwieriger & philosophisch.

„Hörst du noch?" wiederum zweifelnd sein Urheber ... aber es war nicht mehr weit bis Hohenstadt, wo sich beim Bremsvorgang die Zeit erfüllt hat ... mit der Frage des Schriftstellers, wie die Geschichte gefallen habe, und der pragmatischen Antwort des Illustrators, daß man verstehen muß, was einem gefallen soll, wenn man es verkaufen will.

Dann verließen beide das Abteil ... mit dem Rücken zu mir.

Mich hat der Aufsatz beeindruckt. Ich hätte ihn genauso brillant schreiben mögen. Davon hatte der Dichter leider keine Ahnung.

Die Zeit ist reif.
Die Zeit heilt Wunden.

Schon fränkisch
1995

Aus! Ende der Reise im IC 709
CLARA SCHUMANN geb. Wieck
am Speisewagentischchen
Thüringer Speckkartoffelsalat
warm kracht mir ins Gesicht
die Würstchen aus Halberstadt
Frontalcrash mit BERT BRECHT
wo es schon fränkisch ist
entreißt mich nach Probstzella
der Sturz in den Abgrund

dem Schlaf ... obwohl es
dort zweigeleisig sein muß!

Rentierlich

Mich kostet ein Geschichtchen,
als Zugab' das Gedichtchen,
sechs Punkte auf der Streifenkarte

weil ich nie umsonst drauf warte,
daß im Zug von Jobst nach Velden
sich im Kopf die beiden melden.

Wenn Nürnberg nervt,
mach gleich meinen Satz
zwecks Nervenkur

vom Innern Laufer Platz
auf die Hersbrucker Höh

von wo aus ich Kleedorf
unter mir seh
...
nie einen retour.

Loblied auf die Alb

Passion

Dichter finden keine Ruhe
draußen in der Landschaft
ohne Kugelschreiber

wollen dem Wanderer,
der entgegenkommt,
so ein Gerät abkaufen

es notieren können
auf das welkende Blatt,
den Rest Kunstdüngersack

nur der Reisepaß bliebe
oder ein Zehnmarkschein.

Loblied auf die Alb

Schon für sich allein
gleicht der hohe Hohenstein
einer schönen Dichtung

zeigt wie andre Berge gerne
alle Hänge gut bewaldet
Wandersleuten aus der Ferne

was von nahem er entfaltet
seine wunderbare Lichtung
unterm Burgfels gegen Westen

gehört zum Allerbesten.

Erster Berg im Frankenjura

Blieb am Platz so einer hocken?
Nein! ...
weil er auseinanderrannte,
gibt es Tälchen, die uns locken,
lang der Preuße gar nicht kannte.

Nichts oder fast nichts

„Natürlich zwischen nichts
und fast nichts", fränkisch
der Kirschgarten im Januar.
Die Kürze des Gedichtes
erdachte H. M. Enzensberger.

Wo kann es gewesen sein
vor drei Jahrzehnten,
was war zu sehn beim Gang
vielleicht vom Waldrand
nach Kalchreuth hinauf?

Das Dorf noch versteckt,
Schnee gab es, über ihm
der leere Himmel, den
Kirschenreihen trennen
vom blanken Feld vor ihm.

Sinnbild für Natürliches
ist mir kein Kirschgarten,
seinen Wintertag erlebe ich.
Nichts oder fast nichts
sagt meiner Frau die Kunst.

Einsam in den Feldern
vor Treuf

„Siglitzberg", das steht
auf dem Richtungsweiser,
um 180 Grad verdreht
hat ihn ein Späßereißer.

Dem kam ich in die Quere
und gab das alte Bild,
obwohl's egal dort wäre,
zurück dem Straßenschild.

Der Teufel war los
zwischen Treuf & Kreppling
gestern abend
zwei entgegenkommende PKW

Am Albhang
Ende Februar

in eisiggrauer Nebelsoße
gestapft durchs Bodenlose

wird's wie alle Jahr
oben lau ... und klar

Märzalb

tagemild, kein
Schnee, nichts
schroff, nichts
wild, kein
Vogel hat Zoff

bleich
die Farben

Windregenalbstück

heit gibt's net
„Sanftgipfln"

heit kummt
„Fetznzipfln"

Aprilsturm
über dem Happurger See

Kein Lüftchen gestern
säuselte,
nicht eine Welle
kräuselte

heut' fegen Wolken,
bauchen
schwarz aufs Wasser,
rauchen

Bäum' am Ufer stehen
krumm,
ab & zu haut's einen
um.

Vereinnahmt

zwischen Wäldern
äckergescheckt
wiesenbedeckt
dörfergefleckt

von Rupprechtstegen
bis Kleedorf gelegen
die kleine Welt
auf der's mich hält

sonntags ab vier
gehört sie nur mir

Sonntäglicher Waldwanderweg

Daß man drauf
sich nicht verirrt,
wird an jedem
Knick markiert

nie noch konnte
ich studiern,
wann und wie's
die Bäum beschmiern.

Schwül

Wasser haben die Bäume
aus den Wolken gesaugt
Sonnenglut lastet auf mir

hitzig mein Gesicht
klebrig meine Stirn

begehe die brockige Furt
zwischen mannshohen Gräsern
durch Insektenflugbahnen

kühl meine Ellenbogen
feucht meine Kopfhaare

Am Schnaittachufer

Biester mit Rüssl
bohrn in mich ein bissl,
saugen mein Blut,
schmeck' ja so gut

wem wär's nicht zuwider,
patsch! es fällt nieder,
nächstes schon zieht ...
Ein feuchtes Gebiet!

Am Vatertag wollten zwölf über die Alb

Unten noch, vor Rupprechtstegen,
versoffen drei der Wandersleut'
die Kraft, dazu ihr Barvermögen

fünf ließen zuviel Halbe zischen
in Treuf ... der hohe Hohenstein
kam für neune nicht mehr zwischen

Treuf und Schloßbergs Igelwirt:
Nach Adam Riese torkelten
sie ein am Ende dort zu viert.

Der Pfingsturlauber
aus Güstrow

Jens wollte von
Vorra zum Igelwirt,
im Hang gleich
hat er sich verirrt

Jens ließ seinen
Vorsatz sausen
und in Treuf
die Pilse brausen.

Bratwurstessen im Dorfgasthaus

„Drei mit Kraut bitte und ein Bier!" sein Wunsch, bevor er eine Viertelstunde wartet ... nein, nicht aufs Bier, sondern auf den halben Teller mit seinen neben dem sauren Gekringel hingelegten Würsten. Sie sind zigarrenlang und -dunkel, dicker als derartige Glimmstengel schon.

Die Serviette bleibt liegen, daraus entnommen steckt die Gabel und das Messer verkürzt den Schweinsdarm zum Beginn um ein zwei Zentimeter langes rundes Kegelchen. Die dunkelbraune Haut ist fettgeriffelt, die graubröselige Anschnittsfläche duftet.

Dann kommt ein Bissen nach dem anderen: fünf leicht schräg abgetrennte Zylinder, ein Kegelchen zum Schluß. Anschließend wiederholt sich der Vorgang noch zwei Mal mit drei eingefügten Schluck Bier ... vorher, zwischendrin, nachher.

Das Stück Brot, ich vergaß es anfangs zu erwähnen, ist Haupt- und Nebensache zugleich. Mehr als die Hälfte davon wird im nachhinein verzehrt, in diesem Fall ... unaufgerissen das Beutelchen Senf, anscheinend verlangen es nur Zugereiste.

Glaubensbekenntnis des fränkischen Metzgermeisters

Glaub' an die größte Wurscht,
den Roten Preßsack,
aber auch an den Weißen,
der ihm in nichts nachsteht,
an die Göttinger, Krakauer,
rohen & gekochten Schinken,
alle Schlachtschüsseln,
das Schnitzel, Kotelett,
Schweine- & Lammfleisch,
das Rindfleisch auch,
an Rehkeulen, Tellersülzen,
warmen Leberkäse sowieso,
und ans Schäufala

keiner dieser Namen,
der mir nicht heilig ist

darüber hinaus glaub' ich
an die Notwendigkeit
des täglichen Verzehrs
der Produkte und daran,
daß die Leute das tun,
demgemäß meine Kassn
immer gefüllt sein wird

die Vegetarier
eine Minderheit bleiben.

Der Ecktisch im Wirtshaus

Ein solcher möchte sich von Stühlen
zu keiner Zeit verlassen fühlen.
Seine Nerven liegen blank,
stehn's nicht um ihn herum als Bank.

Der Wirtshaustisch
zu seinen vier Stühlen:

Wolln Kartelbrüder auf mir zocken,
laßt die Männer euch behocken,
sechzehn Beine unter mich

denn ich lieb es inniglich,
wenn die Sau in meine Mitte
einschlägt nach der alten Sitte!

Das Doppel-s
vom „Roten Ross"

Plötzlich weich & mild zu sein,
bereitete ihm größte Pein ...
um auszumerzen diese Scharte,
entschwebte es der Speisenkarte
sanft wie ein Astronaut
aufs Kesselfleisch mit Kraut

gesalzt, gepfeffert nach Bedarf
wird's, mit dem im Fleisch dazu,
nun wieder richtiggehend scharf.

Ihm einfach den Geschmack zu nehmen,
wir hätten uns dafür zu schämen!

Weichgekocht

In Mittelfranken tun dem b
als auch seinem Spezi d
harte ihrer nicht mehr weh

vergraulden mid dem Segen
der Mundarddexder die Kollegen
von Rodh bis Rubbrechdschdegen.

Örtlich

Im Pegnitztalort Ottensoos
war die Maßkrughölle los

da fiel auf dumme Köpf & helle,
auf Buden, Kirchweihkarusselle
der miserable Wolkenbruch,
des Petrus' Samstagabendfluch

blitzdonnerhaft sein Groll,
selbst unser „Anton aus Tirol"
klang im Getös' vom Wassersturz
nicht lauter als ein leiser Furz.

Komm nach Treuf aus der Hitz

durchs schattige Stück
zwischen Linden & Buchen,
bin in einer Eisfabrik,
hab' den Rest vom Cafékuchen

gebettet auf Löwenzahn & Klee
atme ich in frischer Luft ...
wem wär' jetzt noch heißer Tee
lieber als die kühle Gruft?

Krumm & Grad

steig' ab zwischen
Hecken
den Schlangenpfad

vorm Dorf sich zu
strecken
ich find' es schad

Abendgewitter
über Eckental

Nach der Hitz
saust ein Blitz
vom Blitzableiter
einfach weiter
in die Glotze

dem zum Trotze
gibt's heut
„Frängisch schwaddzn!"
gleich kompakt
als schwarzer Baddzn.

Am Zwernberg oben
... haut
eine Dame, grad noch strickend
auf Treuf hinunterblickend,
plötzlich ihre Wagentür
in das Schloß, sagt dann zu mir:
So ruhig & still ... kein Laut!

Zwischen Joggern
& Bikern

allein jedsmal Geher
auf dem Talgrundweg
von Hammer nach Malmsbach

allein jedsmal Pflücker
der Blaumirabellen,
die übern Zaun hängen

Einmalig,
die jährliche Maisernte droben,
deswegen zwischen den Äckern
das schlammdreckige Sträßchen,
auf dem ich weitergehen muß

ein Großviehberger Landwirt,
der sich bei mir entschuldigt
...
dafür

Glück im Überfluß

was glaubst, an wie vielen
deiner Kollegen im Gras
ich entlang wanderte

meine Worte zum Apfel,
der im Dorf neben mir
in den Rinnstein kullert

vor dem Hineinbeißen

Vorweihnachtliche Pflicht

Gänseschar
graszupfender
am Dorfweiher
zurufen:
Macht endlich
die Fliege!

Schnee am Albrand

Dann war es soweit:
jeder Acker bestreut,
jeder Ast getupft,
im Laub verschlupft

erst mittags um zwei
alls wieder frei.

Wie vor es beschrieb,
lag auch im Prinzip
acht Tage später
ein Zentimeter

da blieb die Pracht
sogar über Nacht.

Jahr des Winters

drei Zentimeter hoch
Sauerschnee ...
freu dich, blüh auf
an deinem Zweifel,
ob sie noch ausschlagen
für ihre Zeit,
die kalt dahindümpelt
oder es verbietet,
ins Sonnige zu gehn
unter zu wenig Ozon
und in zu viel

danken sollst du zuletzt
dem Überfluß, der sich
ohne Jahr produziert
„round the year"

hoffen auf
rotgelbes Laub

28. Dezember 99

weiß betucht ist die Alb
über Kleedorf

Christos Lehrmeister
ging den M-D-Weg

Die Jahreszeiten auf der Fränkischen Alb

Niemals würden mir in der Laufer Souterrain-Lokalität die vier mit Jahreszeitmotiven bemalten Holzscheiben keinen Blick wert sein. Korrekt der Reihe nach hängen Frühling, Sommer, Herbst, Winter über den Tischen. Der Jurahöhe und ihren Bewohnern glaube ich Unrecht zu tun, dort die Großwetterlagen in der gleichen Reihenfolge anfangen oder aufhören zu lassen.

Na gut, sterben werden droben die Leut' und die Natur auch zuletzt ... doch Vorgegebenheiten nachzukommen bei der Wahl meiner Wege zwischen Vorra und Lauf, zwischen Hersbruck und Osternohe, darauf ließ ich mich nie ein und ich werde bestimmt mit durcheinandergeschüttelten Jahreszeiten der Schrulligkeit des Landstriches gerecht: Folgt bei meinen Gängen hier nicht immer auf den Berg das Tal oder umgekehrt, sondern auf den Berg noch ein kleiner Hubbel und noch ein kleinerer ... auch nicht ein Dorf aufs andere, sondern keins oder gleich zwei. Ich möchte sogar darauf wetten, dem vor mir am Rain hertrabenden Bauersmann nimmer beim Überholen ins wettergegerbte Frankengesicht schauen zu können, weil er kurz vorher schnell in eine unbedeutende Furche einbiegt – ja sogar Hasen, Feldlerchen, Hummeln sehe ich seltsame Zacken schlagen bei ihren Ortsveränderungen und oft schon kam die Sonne hervor, wenn's sich's feste eingetrübt hatte. Es ist wirklich angebracht, das Albjahr keinesfalls mit dem Anfang anzufangen, vielmehr einmal mit dem Ende. Zum Beispiel

einem Winter im Hersbrucker Land,
    der dieses Mal unten im Städtchen nicht, wie sonst, gerade noch so aus dem Regen hat Schnee werden lassen. Trotzdem:

Ohne der großen Stadt zu entkommen – ab neun Uhr elf, ab zehn Uhr elf –, bleiben ein richtiger Schnee und ein richtiges Eis unerreichbar. Der fränkische Wintersonntag beginnt mit dem Fahrplan und endet, wie er begann – ab siebzehn Uhr sechs, ab achtzehn Uhr sechs.

Auf dem Bahnsteig in Erlenstegen ist der vertretene Schnee naß und eingesalzen. Ein hereinrasender Pendolino staubt mich voll. Alles sieht heute anders aus. Mein ankommender Triebwagen ins „Reine" ist auch sauberer als sonst.

Draußen sind die Kopfhaare des Hansgörgel in den Himmel hinein verschwunden. Nichts mehr hat oben einen Halt. Dafür lagern gegengewichtig und aufdringlich weiß Felder neben der Strecke. Die bleigraue Decke reißt nicht auf. Ich steige in Vorra, wo das Tal eng geworden ist, auf trockenem Schnee aus. Im Innern des Perrons sind Berge davon aufgehäuft. Mit mir verlassen Kurzurlauber den Zug. Sie bereiten sich aufs Wintervergnügen vor, ziehen ihre Mützen über und verstecken die Hände in Fäustlingen.

Wenn hier einmal viel Schnee liegt, bin ich mir nie sicher, ob die Niederschläge hoch oder ungewöhnlich hoch ausgefallen sind. In den Gehöften hat man das meiste zusammengeschoben. Auf den Steildächern wirkt der Überzug immer dünn, wenn er seine Dicke da zeigt, wo es Risse gegeben hat, weil von hier ab alles über die Dachrinne hinuntergerutscht ist. Um der wahren Schneehöhe näher zu kommen, kann es ratsam sein, einen flach gedeckten Geräteschuppen oder einen steinernen Gartenzaunpfosten zu begutachten.

Die Verbindung nach Stöppach den bewaldeten Berg hinauf ist unbefahrbar. Aus dem Klingelbrunnen sprudeln dieses Mal Zapfen. Von den Bäumen fallen Eisbröselchen auf meinen Anorak, kontrastieren zu seinem

Grün. Das erinnert mich an die Wettervorhersage: Unerbittlich wird alle Kälte weichen müssen, das Warme wird nicht in der Mitte stehen bleiben, wird sein Vernichtungswerk vollenden, dem Gefrorenen kein winzigstes Kernchen fürs Überleben lassen.

Ich möchte in den Schnee pinkeln, das makellose Weiß gelb einfärben, in es tiefer und tiefer bohren, ein grundloses schwarzes Loch zurücklassen. Zitronenfarbige Löchelchen werden zum Abschluß auf mich zuhüpfen.

Die große Eiche hat sich dem Schneefall nicht entzogen. Der Stamm erscheint wie sonst rundum grüngrau, jetzt nur noch unten so das ausladende Astwerk. Stechend weiß oben belegt, ist sie lautlos zum Schneewerk explodiert.

Die Landschaft hat ihr Super-Make-up aufgelegt. War sie dafür in früheren Zeiten jährlich eingestimmt, muß ich nun eine Ewigkeit auf diesen Tag warten: um zu sehen, wie scharf den Wald die Schneefläche begrenzt, wie weich sich ihre Rundungen über die Äcker schmiegen ... um zu hören, wie still es ist nach dem Schrei einer Krähe, wie mir mein Schlurchen durch die zusammengefrorenen Schneekrusten zu laut wird.

Was einem sonst entgeht, dem kann man heute nachspüren. Wann der Hase über den Weg sprang, das weiß ich nicht, aber ich weiß wo ... bin mir sicher, daß auf der Bank schon tagelang kein Mensch mehr ausgeruht hat, aus dem eingewehten Hochstand in dieser Zeit keine Kugel jagt.

Im Stöppacher Wirtshaus ist es noch heiß vom gelaufenen Mittagstisch. Hellblau beschürzte Frauen stehen erschöpft in der Küche zwischen Töpfen & Pfannen. Die Bedienung setzt sich erst zum Kloß mit Soß, nachdem sie mir den Kaffee und das Stück Kuchen serviert hat. Auf der Bank sind einfache Wollhandschuhe liegengeblieben. Einem der vier jungen Männer, die mir an der Türe entgegenkamen, gehören sie bestimmt nicht. Mit dem Käsekuchen eine richtige Wahl getroffen zu haben – es war noch „Apfel" da – das hoff' ich aufgrund der Bemerkung des Wirtes, „daß däi Hitz immä nu ä värdl Schtündla in dä Röahn bleim mou, wall sunst dä Keeskoung net schäi braun wädd"!

Draußen geht die Kälte wieder um. Zuerst muß ich über das Stück getaute Asphaltstraße. Nach einer Weile kommen mir Obstbäume entgegen, bleiben zurück, verschwimmen samt den Giebeln im Gemisch aus Dunst und Schnee. Kinder fahren Schlitten ins Leere. Klar werden ihre Stimmen leiser ... von woher, das bleibt mir verborgen. Die Wehe muß der Wind tagelang bearbeitet haben, bis sie gebrochen und scharf wurde. Dann stapfe ich in der Loipe weiter. Mein Wanderweg ist nicht geräumt. Gewissensbisse habe ich kaum dabei. Im Sommer sind die Halbschuhhatscher ja auch recht.

Den Rhythmus der Landschaft hat mir das himmlische Treiben vor die Füße übertragen: Ohne ins Weite zu schauen oder nach oben, nur an der Tiefe meiner Stapfen stelle ich fest, ob es gerade durch ein Wäldchen oder über eine Lichtung geht oder an einer Böschung vorbei. Für das Dorf im Tal, seine grauen Dreiecke und weißen Parallelogramme, für die Kirschgärten drüben am Gegenhang zwischen „Nichts und fast nichts" – so schrieb's der Dichter – muß ich aufschauen.

In zehn Minuten werde ich unten ankommen und nachher in Kersbach über den gesalzten Gehsteig laufen. Auf ihm wird einem runzeligen „Arme-Leute-Häuschen" entlang der Schnee zusammengetrampelt sein, im Vorgarten unberührt liegen ... mich an den Tod erinnern und an die Makler.

Lange genug ist der Frankenalbdurchwanderer winters über auch in seinen Stammwirtschaften umeinandergelungert, hat vom Platz aus jedesmal den Philosophierereien der Heimischen am Stammtisch gelauscht: wo fünf ihrer es fertigbringen, sich ernsthaft einig darüber zu sein, daß bei den Mittelfranken nur deshalb Mittel vor Franken steht, weil man höhenlagemäßig die Mitte zwischen Unter- und Oberfranken einnähme ... „Laffamhulz" ein Vorort von „Laff" war.

Keiner von ihnen will nach Mallorca, weil dort „su vüll Leit schtärm" und zum Verkaufen bräuchten sie „ka Kinner". Ihre besseren Hälften halten die Älbler für gescheiter als sonstwo – „obwulls des net wissn". So billig wär's nur deshalb, „wallz net geldgieri senn" und die meisten null Ahnung haben „woss däi Woa in dä Schtood übähapt kost ... in Bareith zoohlst di scho dappät!"

Sie ziehen sich dabei nicht wie die Schwaben Kaugummi im Maul herum. Ihre Sätze stolpern abgehackt durchs generalsanierte Lokal: „Gehnä aff der Kranknkassa nauf, hupfn ins Kranknhaus nei, sinn immä no net beföddad wonn" ... sie hockn im „Die-Schürd" rum und „bringä iahn Oasch heid wull nämmä von Schtoll!"

Bei persönlicheren Konsultationen – sozusagen vom „Schtooder zum Älbler" – sind nacheinander erarbeitete Gesprächsergebnisse wie kleine Bätzchen beiseite legbar. Nie wird man etwas haufenweis' zu Ohren bekommen ... es sei denn nach jahrelangen Kennenlerngesprächen, vielleicht im achten Herbst, den man die Kuppen des Gebirgls vernebeln sieht

nach seinem vierundzwanzigsten Herbstgang,

der damit anfängt, daß unser Zug erst ein ganzes Stück hinter dem Marktflecken anhält. Auch nicht bis vor zum Durchgang und noch weiter weg vom Ort wollen weitere Aussteiger, hüpfen mit mir quer übers Gleis für eine direktere Richtung.

Unterm Brückchen zieht in der Pegnitz das Laub, bringt den Fluß, den Strom, das Meer ... entfernt mir seine Quelle, obwohl ganz in ihre Nähe mein Weg führt.

Er beginnt schlecht: liegt da, geriffelt von den Traktoren, bespickt mit Ziegelbrocken, bedeckt mit erdigem Laub, durchzogen mit Wurzelwerk darunter. An meinen Schuhen saugt Morast. Plötzlich rutsche ich über den glitschigen Lehm am Rand einer grasigen Stelle.

Bei der Höllenkreuzlinde haben Teufel einen Wegweiser aufgestellt. In vier Richtungen weisen zugespitzte Bretter mit eingeschnitzten Ortsnamen ins Land. Es geht nach Mordach, Gewaltingen, Lügenhausen, Haßfeld. Das fünfte Brett zeigt in die Höhe: nach Himmelsheim.

Ein leichtes, langes Bergan täuscht gerades Weitergehen vor, entfernt mir das Obensein, die Freude darüber ... läßt auf keinen jähen Abstieg hoffen mit brennenden Fußsohlen, schmerzenden Knien. Ich komm' ans umgepflügte Feld. Der schwere Boden hat eine großbrockige Struktur hervorgebracht. Ihre Klumpen und Verwerfungen sind auf einmal die Massive eines Weltengebirges mit zig Kilometer hohen Gipfeln. Ich schaue auf sie aus der Stratosphäre herab ... auf Fichtelgebirgsgröße würde das Karakorum im Vergleich mit diesem Acker zusammenschrumpfen. Gerne hätte ich es dann noch dick draufschneien lassen.

Nebelnässe prickelt wie Windsheimer auf der Stirn, beim Gehen. Bleibst stehen, hat sich's ausgesprudelt.

In diesem Jahr gibt es wenig Obst. Ich nehme mir eine verhutzelte Zwetsche vom Ast und suche im Graben nach einem Apfel. Mit dem Taschentuch wische ich die nasse Erde ab. Der Apfel wird blaßrot mit fahlgelben Streifen, schmeckt so aber nicht.

Verrostetes Blattwerk hängt ins Sträßchen. Bucheckern prasseln auf den harten Teer, als ob die dicken Tropfen eines Gewitterregens einsetzten. Unter meinen Schuhen geben die Hülsen noch vereinzelt ein letztes Geräusch von sich. Der heranpflopfernde Bulldog läßt ihr Leben quadratmeterweise ausknirschen.

Mein Rastplatz hat nichts Spektakuläres. Vor mir sticht keine Felsnase in die Wolken, neben mir tost kein Wasserfall, unter mir kuschelt kein Spielzeugdorf. Meine Perspektive geht bis ans Ende des Hochtals. In der Ferne müßten sanfte Hänge Bögen ziehen. Beim aus Bimshohlblocksteinen gemauerten Schuppen habe ich mich auf der umgekippten Blechwanne niedergelassen, verhakte dabei den Hosenstulp in einer Stacheldrahtrolle.

Jetzt ist es ganz ruhig. Träumend schwebe ich überm Tal, ohne vom hohen Berg aus gestartet zu sein, ohne Kerosin geschluckt zu haben. Meine Augen bleiben im Nebel stecken, sonst stoppt er nichts von mir ... Händerudern hebt mich, senkt mich.

Am Talende lagert die bewaldete, nicht mehr bunte Doppelkuppe. Auf dem Grasland davor schwimmen Gebüschinseln. Schlieren ziehen dazwischen, streifen den Waldrand, verwischen links immer wieder ihre birnenförmige Silhouette. Bald gehört das Bild der Dunkelheit.

Die Nacht hat mich eingeholt. Solange es hell ist, schlummern Augen in ihren Höhlen. Im Finstern, auf gefährlichen Waldwegen, fahren sie aus, züngeln wie Schlangenköpfe an den Sehnerven. Hühneraugen stecken im Strumpf tagsüber, nachts unter der Bettdecke.

Düsteren Mächten sowie geistvollen Plaudereien entronnen, gehören mir jetzt lange zusammenhängende Frühlings- und Sommermonate. Da müssen die Bauersleut' manchmal noch schwitzen. Mir ergeht's genauso – obwohl unsereiner ihr Gäu nur durchstreift und alleweil auf einem Klappstuhl ruhend vor einer Wirtshaustür seinen Sprudel oder sein Bier trinken kann. Nicht zuletzt dieser willkommenen Abwechslung wegen steigern sich meine Wanderereignisse – zum Beispiel solche mit Tieren – dem Gedicht entsprechend:

> Eine getigerte Katz
> hat den sonnigsten Platz.
> Zwei der Gänsekinder
> sind vorm Zaun, andre dahinter.
> Fünf rotbraune, hauslose Schnecken
> verlassen schattige Hecken.
> Zwölf Schnaken stehen im Flug
> über dem Wirtshaus zum Krug.

Ich weiß es nicht, ob mit den Strophen drei Japaner etwas anfangen könnten, die an jenem Maientag dahergejoggt kamen, mit Rucksäckelchen auf dem Buckel, mir „Grüß Gott" zuriefen ...

oder die am Gasthaus ihr Damenrad vorbeitretende Bäuerin. Vorn im Korb duckte sich der Hofdackel. Trotzdem schüttelte er seine Ohren so heftig, daß es der Frau das Vorderrad herumriß. Ums Eck herum verklang das Hundsgebell ... und das hörte sich freudig an, denn auf der Alb ist Mensch & Tier aufgewacht

am einundzwanzigsten März,
für den Frühlingssommer bis zum Herbst, auch wenn der Frühling vor dem Frühling beginnt: mit der echten Schneeschmelze hat's Schnee gegeben. Da schuppt über den Asphalt des Sträßchens von Vorra hinauf ein glitzernder Wasserfilm hinunter. Schaumbläschen schwimmen mit und an den Rändern frißt sich das Gerinne unter dreckige Schneewächten. Dem ganzen Gebiet läuft die Nase.

Aus der Schlucht herauf tönt es glockenhell glucksig.

Die Luft ist erfüllt von Geräuschen. Scharf bremst das Automobil ab, um mich nicht vollzuspritzen.
Weiter oben erscheinen die Südhänge im fahlen Grün. Insgesamt täuscht das Tauwetter noch ein Gleichgewicht vor zwischen grün, braun und weiß. Entlang der Hecke lappen Schneereste. Die Schneefläche auf der Wiese ist zum angegrauten, sich wölbenden See geworden. Aus ihm fließt das Wasser weniger geräuschvoll über alle Böschungen, in alle Gräben, durch jedes Rohr.

Der erste April machte seinem Namen Ehre. Ab null Uhr ließ er es herunterschneien bis an den Fuß der Alb, dann bis ins Großstädtische hinein. Zuerst mit wässrigdicken, immer wieder für eine halbe Stunde aussetzenden Flocken, bis die Schauer zusammenhängender wurden, am Morgen der Frost dazu kam. Zwei Zentimeter lag die Pracht zwischen den Krokussen im Stadtpark. Mit fünf Zentimeter reinweißbatzigen Blüten sind gegen zehn die dickeren Obstbaumzweige hier auf der Alb belegt. Ans Kirschhäusla hat der Nordost kniehoch gearbeitet.

Äußerlich bleiben die Baumstämme und Baumäste unverändert. Innen saugt sich Frisches nach oben. Unter der rotbraunen Haut ist das Fleisch grüngelb. Knospen bereiten ihren Aufsprung vor.

Kein Mensch sagt am ersten April: „Hoffentlich kommt bald das Frühjahr", alle akzeptieren die Überraschung, sind geduldig mit dem Frühling. Sie wissen, daß dieser Schnee ihnen und der Natur weder nützt noch schadet... und als muß der erste, zeitumgestellte Tag so sein: Nachmittags sind die Höhen fast überall wieder schneefrei geworden unter der hervorgekommenen Sonne. Überzuckerte Grasbüschel, gegenüber im Schatten der Schneise, könnten weidende Schafe sein.

In Kreppling überholen mich drei Mädchen auf Rollschuhen. Das Größte schaut in ihr Blatt mit Lernhinweisen, liest den Kleineren vor: „Jetzt müssen wir unter dem Fahren das Stoppen üben – Stop!" Dann stoppen sie, mitten auf der Straße.

Hinter dem Zaun lauern verdächtig schwarzweiße Katzen. Vor dem fünfhundertdreißig Meter hohen Paß liegt am Fahrbahnrand ein totes Rotkehlchen. Auf dem höchsten Punkt befingern sich zwei in ihrem Ford Kombi.

Unklar bleibt mir am einmündenden Waldweg das Schild mit der Beschriftung „Düsseldorfer Ring". Aus einer Bewunderung heraus über die KÖ und den herrlichen Rhein kann's nicht aufgestellt worden sein. Mir würde hier oben das Kuhdorf, wohin der Pfad führen könnte, besser gefallen. Aber eine Ansiedlung, die Düsseldorf heißt, ist nicht einmal in meiner genauen Kompass-Wanderkarte auffindbar.

Ich denke darüber nach, was mich am Abend erwartet: der ganz und gar strahlende Sonnenball unterhalb des Cumuluswolkengebirges, weil ich der Schwärze davongelaufen bin ... oder eine graugelbe, vom Hetzles bis zum Ossinger reichende Schneewand, die von Nordosten her über den Hohenstein auf mich zukommt, zuerst den Burgumriß, dann den ganzen Berg aufsaugt ... morgen früh Wald & Hänge weiß gepinselt präsentiert.

Am Ostersonntag ist die Luft im Sittenbachtal und auf der Großviehberger Höhe mild. Schneefelder haben sich gut versteckt, zurückgezogen in enge Schneisen, an abfallende Waldränder oder sonst sonnenlose Ecken. Immer noch stehen an den schmalen Straßen zwei Meter hoch schwarz-orange beringte Schneestecken.

Heute nehme ich das Gerede der gefiederten Einheimischen wahr, deren Namen ich meistens gar nicht kenne: Blaumeisen, Wildtauben, Raubvögel ... auf dem Stück Main-Donau-Höhenweg zwischen den Lichtungen, die fast schon ihr Sommergesicht haben könnten. Nachher durchquere ich nicht das Ackergebiet, weil es auf der Höhe naß sein kann, sondern benütze die mit Kalksteinchen gespickte Furt außenherum.

Frühjahrsungeduldig möchte ich meine Aufzeichnungen sofort beenden, glaube die aufkommende Maihitze bereits im Nacken zu spüren, das Grillenzirpen bereits in den Ohren zu haben. Ich kann mir eine mit lindgrünen Blättern und Kirschbaumblüten volle Landschaft vorstellen, zumal mich darauf waldrebenüberzogene Wildkirschen hinterm Gestrüpp einstimmen.

Das Dorf ist eine wilde Gegend,
   wenn ich von oben aus über glitzernde Folien und neben dem Misthaufen abgelegte Autoreifen gegen es blinzle. Grünes ist zwischen den dunklen Dächern noch nicht bemerkbar, erst recht nicht Blühendweißes außen herum. Deshalb ist auch mein Rückblick von oben aus frei, nachdem ich am Gasthaus im Grund des Dorfes vorbeigekommen bin, wo die Häuser, Schupfen, Hühner-, Hasen- und Taubenschläge einen Platz bilden, alle Straßen zusammenführen, Anschläge am Scheunentor hängen, der Briefkasten an der Stallwand montiert ist.
Das Dorf ist eine wilde Gegend,
   jedenfalls im Frühjahr ... wenn man glaubt, alles klarer zu erkennen: den felsig grasigen Rücken, der sich zwischen die Gehöfte drängt, die am Rand der Ortschaft in den Abgrund tauchenden Fachwerkgiebel, eine auf dem Rücken anstelle des Kirchturms thronende Riesenbuche. Sie bildet mit dem genauso kahlen Buschzeug unter ihr das Äquivalent zur weiter weg mein Bild begrenzenden hohen Kuppe.
Das Dorf ist eine wilde Gegend,
   obwohl coltbewaffnete Reiter fehlen und Indianer. Rot sind nur eine an der Leine hängende Bluse neben dem zusammen-

gerattelten Holzstoß und der durchfahrende, immer wieder zwischen dem ganzen Geraffel auftauchende Golf.
Nach dem Ort mildert der lange, offene Stallbau die von mir ausgemachte Wildheit. Er duckt sich richtig mit dem Hang, ohne zu stören. Durch die Freßgitter heraus muhen glänzende Rindviecher. Schwarz & platt sind Kröten neben dem Rinnstein.

Ende April ist auf unser Ballungszentrum plötzlich nicht etwas mehr Wärme gefallen, sondern die Gluthitze. Über dem Jura läßt eine kleine Brise im Himmel flockende Wölkchen herumschwimmen. Sie erinnern an Schwemmklößchen in klarer Brühe. Der Waldumriß wirkt ausgestochen. Von irgendwoher heult die Säge. Aber Schnee und Frost kommen vielleicht noch einmal.

Um die Campingwägen im schattigen Tal ist es lebendig geworden. Bei mir will sich das Frühlingshochgefühl nicht einstellen. Sogar in der Zeitung hatten sie die Leute vor einem unkontrollierten Umarmen von Personen und ähnlichem gewarnt.

Die Äcker hinauf bleiben gleichmäßig mit Steinen übersät. Eggen und Neigung haben auf ihnen gekrümmte Linien gezogen. Der vor einem Monat in reißenden Anspruch genommene Graben ist ausgedörrt, gleicht einem Wadi.

Acht Tage später zischt über mir die Luft. Eine Stichflamme flackert durchs fast fertig entwickelte Bätterwerk, bevor der gelbe Heißluftballon hinter den Kronen hervortreibt. „Warsteiner" steht drauf. Ich höre sogar Stimmen der Fahrer. Ziemlich rasch verschwindet die Melone hinter dem Kleeberg. Jetzt stelle ich mir das Hersbrucker Land von oben aus vor ... denke dann plötzlich ans mir bevorstehende Erlebnis, abgeerntete Kirschbäume unten herum nachzuernten.

Mitte August ist es geworden, obwohl ich über diese

Zeit nichts mehr „live" notieren wollte, oder gar den Altweibersommer, der gern dem Sommer zugeschlagen wird ... damit er schöner war, wenn's zu seiner Zeit dauernd geblitzt & gedonnert, gehagelt & gestürmt hat oder genieselt.

Aber nun laufe ich doch mit Notizzettel vorbei am braun gekräuselten Kartoffelkraut hinüber zu den gelben Mirabellen. Sie sind mehlig. Die saftigen, rotvioletten Exemplare hinter der mit dem Gitter erhöhten Mauer entziehen sich meinem Zugriff.

Es hat oft geregnet. Nichts ist braun geworden, doch heute treibt mich ein heißtrockener Wind vorwärts, so daß ich das Hemd über die Hose hängen laß. Bis Treuf schaut mein weißer Bauch heraus. Dann entblöße ich mich oben herum gänzlich, trotz gieriger Bremsen.

In den Feldweg hinein wuchern Brennesseln, dahinter Schafgarben. Groß- und Kleinblättriges, Gezacktes, Ovales, als Unkraut Bezeichnetes hat überhandgenommen. Noch aufdringlicher steht zweieinhalb Meter hoch verzweigt zugespitzt der Mais, nicht weniger männlich der Weizen mit hochgestrecktem Kopf. Weiblich die Gerste: Sie hat sich demütig zu senken.

Menschen sind auf den Feldern nicht mehr zu sehen, sind verschwunden im Riesenungetüm, das für kanadische Getreideplantagen bestimmt sein könnte. Aus dem kniehoch überwachsenen fränkischen Kleinacker schlürft es Weizen ein, mit einem gleichförmigen Geräusch, das beim Wenden abfällt, dann wieder anschwillt in einer aufkommenden Spreuwolke. Vorn an der Straße steht die Zugmaschine mit vier giftgrünen Hängern, drei davon schon randvoll mit Körnern. Überm Teich werden sie das Mehl gleich in Tüten abgepackt vom Feld abfahren.

Die halbe Wiese färbt das abgemähte und zum Trocknen

ausgelegte Gras dunkelgrün ein. Morgen soll es wieder schiffen, die Sonne wird sich beeilen müssen. Andere Wiesenstücke streift das zu langen Würsten aufgerollte Heu verschiedenfarbig.

Ich zupfe die Mohnblumenknospe ab. Alle Lebewesen haben sich verflüchtigt, nur nicht Käfer und Mücken. Ansatzweise zirpen noch Grillen. Ich schlage den Pulk Tagpfauenaugen, von denen es in diesem Jahr unerklärlicherweise Übermengen gibt, dem Fehlbestand zu.

Auch der Klatschmohn macht sich nicht rar.

Eine seiner Kapseln zwischen allen blühenden Exemplaren erschien mir schon als Kind am verheißungsvollsten. Mit Daumen und Zeigefinger wurde das vom dreißig Zentimeter langen Stengel abgerissene feinbehaarte Ei so lange gedreht, bis sein seidiges Innere zerstört war. Jetzt öffne ich vorsichtig die wie Eskimokajaks aufeinander liegenden Halbschalen. Zusammengefaltete purpurrote Blütenblätter warten darauf, behutsam in zwei große untere und zwei kleine obere, mit violetten Äderchen durchzogene Elefantenohren entkrüppelt zu werden. Trotzdem habe ich wieder eine Blume geopfert ... zuletzt das gelbe und altmodisch gerillte Laternchen freigelegt. Seinen Fuß umrankt der Wuschelkranz am Ende verdickter Stielchen.

Vom Stöffelholz herüber summt die Autobahn. Mehrmals schnaufen mir beim Abstieg Transporter entgegen. Sie karren wahrscheinlich den lehmigen Aushub für eine neue Lagerhalle am Dorfrand nach Wasweißmanwohin.

Mit keinem Löffelchen davon wird man die gemauerte Nische zuschütten, an der ich nach dem Wachtfelsen vorbeispaziert bin, auf deren Rückwand hineingemeißelt die Ertüchtigung unserer Jugend im Olympiajahr 1936 angemahnt wird. Mindestens dreißig Fuhren des batzigen Materials stünden dahin an, um im Ort die Kapelle samt der davor endenden Treppe einzufüllen, zwischen zwei gewaltigen Linden ... damit der eichenblattumkränzte Kopf des mit Stahlhelm & Sturmriemen versehenen Soldaten über dem Portal verschwände. Mit heruntergezogenen Mundwinkeln bringt er seine Hochachtung für den im Ersten & Zweiten Weltkrieg gegen die restliche Welt angetretenen fränkischen Landser zum Ausdruck ... und wehe denen in der Gemeinde, die auf diese martialischen, mit „Unseren Helden" unterzeichneten Gespenster keinen Pfifferling mehr geben.

Vor den letzten Spätsommertagen hatte die untergehende Sonne zwischen den Wipfeln einen Himmel inszeniert, der rot glühte. Nicht anders als nach den nächtlichen Fliegerangriffen auf Nürnberg. Rauchende Nebelschwaden machten den Bombenhimmel perfekt.

Heute steht überm Hohenstein der Mond. Unmerklich wird er immer strahlender – umgekehrt verblaßt das graue, mit dem Felsknotzen verwachsene Burggemäuer. Rotweiß gefleckte Kühe lassen ihre Köpfe ins feucht gewordene Gras hängen, andere fressen ruhig die unteren Blätter der Hecke ab. In Frohnhof kratzt eine verspätete Henne zwischen dem Kopfsteinpflaster im Moos, schaut auf, wechselt mit mir ein paar Worte ... und macht sich endgültig auf den Heimweg.

Der Gegenwert des Lebens: zehntausend Gewehrkugeln, tausend Panzerfäuste, hundert Geschütze, zehn Gramm Atombombe ...

des sich Bewußtseins: Ertüchtigung

...

wie lange dauert es, um nicht mehr an die vergiftete Natur zu denken, kein heranrasendes Motorrad, keinen landenden Jet mehr wahrzunehmen, nur aus dem Türki-

sen bis zum Orange hereinflutende Dunkelheit, bevor die Sterne brennen
...
um seinen Platz zu erkennen, an dem es nichts zu bekritteln gäbe.

Zwischenzeitlich wird das Hohensteiner Burggemäuer angestrahlt wie der Sinwellturm ...
wer auch möchte am Abend noch etwas verblassen sehn.

Schlossberger
Sonnenuntergang

Nach einem feurigen Rand,
der das Flache bespannt,
und dem orangetürkisen
Himmelsineinanderfließen
zeigen drüber hellste Sterne
im Schwarzblau sich gerne

nur red von keinem Wunder:
wenn den Hang hinunter
ein verrücktes Auto röhrt,
wenn ein Landeanflug stört,
es die Stille auch vergrault,
daß der blöde Hofhund jault.

Die vermasselte Perspektive

Kornraden stehn,
Felder wehn,
Hecken schmiegen,
Kronen wiegen

ringsum diese Stille,
schön ist die Idylle

das Bild ertragen,
ohne sich zu fragen,
ob nicht in zwei Jahren
hier drei Bagger waren?

Die gestreßte Kunstschneepiste

Im Herbst gab sie sich Zunder,
rauschte selbst ins Tal hinunter

damit war endlich Schluß,
daß zwanzigtausendmal ein Schuß
ihr im Winter Schmerzen macht
tagsüber und auch in der Nacht.

Nachts vorbei am Einödhof

verblaßt vom
Tod gefaßt geht
Gespenstern Zeit
hinter Fenstern

streifen Gesichter
Scheunenlichter

Moorsbrunner Subventionslied

Weißt du wieviel Pflänzlein stehn
auf dem großen, weiten Feld?
Weißt du wieviel EG-Mittel
Bauersmann dafür erhält?

Sie zu zählen, tät ihn quälen,
wird am Ende nichts mehr fehlen
und aufs Jahr um diese Zeit
ist es wieder soweit.

Sei ruhig

Bin in die Nacht neikumma
und in ann eiskaltn Wald,
hob den Klann mitgnumma,
der greint

sach i:
schau nauf durch die Äst,
da Vollmond scheint
und mach halt kann Lärm

glei sin mer draußn
in seina Wärm!

Mutter zum Kindchen beim Albanstieg

nach Hersbruck
im Tale noch:
aaf, aaf
Bobballa laaf,
do gäh mä
glei naaf!

kurz vor
Großviehberg:
etz gib a Ruh,
des Hobballa nu,
dann is scho
drobballa!

Daheim
will i nimmä bleim,
wenn i hör, wie druntn
der Dackl winslt,
wenn i seh, wie drübn
anner den Zaun opinslt,
will ausm Haus
nach Frankn naus

wenn i dann hör,
wos Leit im Dorf redn,
wenn i dann seh,
wos sunst nu obetn,
geh weitä ins Land

obä die Junga sin alt,
mir wärd's ganz kalt,
möcht wech vom Ort,
zum Ozean, in die Wüstn,
nach Ichweißwaswo fort

obä die Frankn,
däi wärn scho dort,
dann möcht i bloß anz,
wiedä ham, bin
liebä allanz.

Im Lochgefängnis

Jenseits von Afrika

Deutscher Kolonialist:
Ich hatte eine Farm in Südwestafrika,
im Namaland am Fuß der Karasberge
...
Eingeborene durften dreißig Jahre lang
für mich Rinder ans Flußufer treiben.

Türkischer Gastarbeiter:
Ich hatte eine Kleinstwohnung in Bayern,
im Zentrum Fürths am Fuß des Gänsberg
...
durfte für Eingeborene dreißig Jahre lang
Tonnen ans Müllauto treiben.

Im Lochgefängnis

Mir hättn's gor net braucht zum Foltern,
däi kaltn, nassn Löcha ...
mir hättn's in die Sunnä schauä lassn solln
im Huuf dromä, su lang bis blind sin ...
obä wohrscheinli homms domols nu net gwißt,
wäi ma solchä die Aung offn hält

murmelt der gichtige Fremdenführer
täglich beim letzten Gang in seinen Bart.

Die Asylpolitik
fränkischer Innenminister

A solcha vo dä ZeeÄsUu
ist net wie ich und du,
der fühlt si wie a Gott,
läßt kumma und schickt fott.

Wär's anna vo dä ÄsPeDee,
der tät si a nix dabei weh
wäi's Himmlvatalla zu richtn,
gält's Franknländla abzudichtn.

Vaterland & Muttersprache

ein Glück,
daß sich mit ihr
es für scheißegal
erklären läßt

Lobgesänge halte ich nicht aus

„Deutschland, Deutschland üüber aa...aless, üüber all...les in dee...er Welt!" ... man muß so eine aus dem Glotzer dröhnende Musik einfach stumm mit- und weiterformulieren, obwohl ich weder Nationalhymnen hören noch das Fußballspiel gegen Norwegen sehen will. Mir wird's schlecht beim Gedanken daran, wie viele in diesen Minuten die Einigkeit, das Recht und die Freiheit in der Maas, der Memel und im Alkohol absaufen lassen.

Acht Jahre war ich alt, da wurde dem Singsang viel Land, viel Wasser gestrichen. Dennoch ist mir bekannt, wo alles liegt.

Wie eindrucksvoll erst müssen sich die Flußlandschaften und Strandzüge damals Achtzehnjährigen eingeprägt haben? Warum ich ein anderes Lied, das mit „Die Fahne hoch" beginnt, nicht weniger gut im Ohr habe, das weiß der Kuckuck ...

konnte gar nichts davon verstanden haben, denn bei den Worten „SA marschiert" dachte ich im Gegensatz zu den Alten bis weit in die Friedenszeit hinein an was ganz anderes: „es amaschiert" – fortkrabbelnde Ameisen gingen mir durch den Kopf, keinesfalls in Knobelbechern steckende Militärhosenbeine.

Nun, was soll's! Deutschland über oder unter alles ... ich jedenfalls möchte kein Deutscher sein und kein Norweger, genausowenig ein Ami. Zum Franzosen geworden, ich pfiff' auf „La grande Nation", als Schweizer hätte ich's Ländle voller Käse & Panzersperren bestimmt satt, als Europäer bin ich mir ebenfalls wurscht.

„Irgendwohin gehört doch jeder Mensch!" meinen Sie, „und es gibt noch anderes: Grüne, Schwarze, Rote, Demokraten, Pazifisten, Humanisten, den ADAC, Altstadtfreunde, knoblauchsländische Kirchweihburschen, solche vom Stammtisch Heimatlos."

Nein, und nochmals nein! Ich lasse mich für nichts hernehmen. Sogar bei den Anarchisten würde ich mir geregelt vorkommen.

Ich bin ich,
das muß genügen.

Über Franken hinaus

Meine Welt ist geschichtet, Blatt auf Blatt, im Diercke-Atlas. Such' Unterschiedliches nach- und nebeneinander, vom kleinsten bis zum größten Maßstab.
Im Boot fahre ich Kamtschatkas Küsten entlang, seh' die Wasser abziehen aus Nordaustraliens Wüsten, das Land zum blühenden Teppich werden ...
was mich nicht daran hindert, mit Lichtgeschwindigkeit auf den Ruwenzori zu fliegen, noch in zappelnde Watte eingehüllt hinter der Alaskakette bei heidelbeerfressenden Grizzlys anzukommen, Sekunden später am Rio Ucayali zu stranden, mit Tieren durch den Dschungel zu flüchten bis an die Hänge der Kordilleren ...
beruhige mich dann in Douarnenez auf der Hafenterrasse bei einem vin blanc ...
aber schnell muß alles gehen, keine Zeit darf bleiben, nachzugrübeln darüber, auf welchen Seiten Kriege stattfinden, gefoltert wird, Menschen verhungern ...
wo man die Natur bekämpft,
wo sie zurückschlägt ...
manchmal verharre ich trotzdem, denke mir: Mein Kartenwerk, wenn es Löcher hätte auf den Schreckensstellen
...
ein Sieb studierte ich.

„Wir spielen Krieg"

jubelte auf dem Wieschen im Hinterhof die höchstens Fünfjährige durch ihre bombige Zahnlücke strahlend zu mir herauf, „aber nur im Spaß!"

„Kriegspielen ist Scheiße!" erwiderte ich daraufhin ziemlich heftig dem eigentlichen Verursacher dieser Fun-Runde, dem fettesten mehrerer Knaben – vielleicht ein kleiner Hellene, der sich mit zwei schwarzen Kunststoff-Kalaschnikow unter dem Arm näherte.

„Das sacht ma net, Scheiße, des is an ordinäres Wort!" fiel er mir entgegen, worauf ich ihm noch einmal versicherte: „Kriegspielen ist Scheiße!"

Entfernt auf einer Bank niedergelassen, hörte ich den Waffenbesitzer immer noch herumschreien: „Scheiße sacht ma net, sacht ma net, so an ordinäre Mensch!"

Weizenbier mit Leberkäs & Stahlhlem
1986

Liebe Frau Leserbriefbeantworterin,
Dank für Ihr an mich gerichtetes Schreiben anläßlich meines NN-Leserbriefes über den GRÜNEN SCHWAN in Eschenbach, wo die Wirtsstubn von Militäruniformen frei bleiben muß. Gerne noch ausführlicher:
Auch mir und anderen Zechern möchte die Lust vergehen aufs Weizenbier mit Leberkäs zwischen einem Bataillon Panzergrenadiere. Ein guter Wirt will eben, daß es allen schmeckt. Nur damit sollte sich der Hotel- und Gaststättenverband beschäftigen, anstatt wie ein Verteidigungsministerium über die Streitkräfte zu sinnieren ... und Sie glauben sogar, wie ausländische Mitbürger werden auch unsere Soldaten diskriminiert.

Ich kann zwischen Verteidigungs- und Kampfanzügen keinen Unterschied machen. Für mich sind das symbolische Geräte einer Zwangseinrichtung, die ihren Trägern erlaubt, Lebewesen professionell Leid, Verletzung, Tod zuzufügen.

Die Uniform ist als „pluralistisches Objekt" losgelöst vom drin steckenden Soldaten. Mein Widerwille gilt der nicht diskriminierbaren Gesamtheit sich derart übermächtiger Institutionen bedienender Männer.

Eine schutzbedürftige Minderheit – Läus' unter der trampelnden Elefantenherde – sind im Fall „Grüner Schwan" wohl nur dessen Wirtsleut.

In Ihrem Schatten
1979

Sehr geehrter Herr Pfarrer,
Sie wissen es. Im September sollen vor der Lorenzkirche hundertachtzig Rekruten vereidigt werden. Vorstellbar: noch mild der Abend, die strahlende Rosette ... Altstadtflaneure. Beim Vorbeigehen nehmen sie das Zeremoniell wahr, denken sich nicht viel dabei. Ein Erfolg fürs Militär. Man gehört wieder dazu.

Wir erinnern uns an Politiker, denen die Hände verdorren sollten, faßten sie jemals wieder eine Waffe an. Als Architekt mache ich mir noch andere Gedanken:
Ohne besonders auf sie bezogene Platzbildungen ragten Kirchen in den mittelalterlichen Städten weit übers Häusergewimmel. Das ist gut wahrnehmbar im Bereich der Sebalduskirche. Gegensätzlich dazu hat sich die Lorenzkirchensituation entwickelt. Dort finden wir nun einen von der Turmfassade ausgehenden Freiraum vor, der von jeher auf diese hätte abgestimmt sein können.

Seine Ausformung setzte um die Jahrhundertwende aufgrund des motorisierten Verkehrs ein. Die Häuserfronten in der östlichen Karolinenstraße, aber auch längs der Königsstraße mußten zurückgenommen werden. Darüber hinaus veränderte man das Bild mit unserer jetzt fertiggestellten Fußgängerzone noch einmal:

Die Karolinenstraße westlich der Kirche wurde vom fließenden Verkehr befreit. Wir kommen an bis jetzt nie erreichbar gewesene Stellen. Straßenbahnen & Automobile im Schatten der Türme entfallen, nicht zuletzt auch alle dafür benötigten Ausformungen & Attribute wie Warteinseln, Randsteine, verunklärende Masten, Ampeln, Leitungsgewirr.

Zudem ist der neue Bodenbelag auf die Westfront ausgerichtet. Dunkler eingefärbte Bänder sind zum Portal und zu den Turmecken hin verlegt.

Gehört diese „Platz-Nachgeburt" zwar weiterhin der Stadt Nürnberg ... die Leute werden nun viel mehr dort vorkommende Ereignisse auch mit der Zustimmung Ihrer „Kirche" verbinden.

Es ist ratsam, davon auszugehen, daß die Bundeswehr diesen Umstand begrüßt. Ob es schon zu Verhandlungen zwischen Kirche und Militär kam, ich weiß es nicht. Ihr guter Beitrag könnte sein, gegen eine Vereidigung vor dem Hauptportal zu argumentieren.

Die Verlegung des Spektakels auf den Hauptmarkt – das für jeden Menschen erkennbare Feld für gesellschaftliche Auseinandersetzungen – wäre angemessen.

Die Pfarrgemeinde hat sich nicht gegen die Vereidigung vor ihrer Kirche ausgesprochen, sondern ersatzweise einen Lorenzer Kommentar mit dem Thema „Probleme der Zivildienstleistenden" angeregt.

Gößweinsteiner Osterflug

„Mausbischof kollidiert mit Hutzelhabicht!" Im Ostermontagsblatt stand's in dicken Lettern. Eine seltsame Meldung. Unglaublich!, wäre ich nicht zufällig gestern zum Zeugen dieses Zusammenstoßes geworden, in der Nähe von Bergleinsbach, als ich mein Goggotrabbl bei einer Stallscheune anhielt und vor dem Acker einparkte, am Anfang des kerzengrad ansteigenden Flurbeseitigungsweges.

Tat's deshalb, weil ich mir den lockigen Vogel genauer ansehen wollte, der ähnlich einer doppelt großen, gelbschnabeligen Henne mit langen, rotklauigen Beinen dastand und den Misthaufen neben der Stalltüre bekrallte. Vielleicht war er zahm, wollte sich noch Futter erbetteln – aber nichts dergleichen! Im Gegenteil: Das Riesentier flog auf und fing an, vor dem Bauwerk Kreise zu zirkeln. Jedes Mal kam es dabei links ein wenig über den Weg hinaus.

Ganz oben, wo dieser am Horizont abknickte, bemerkte ich Männer. Wie bei einer beginnenden Schlittenfahrt umstanden sie den Mausbischof. Plötzlich stülpte sich der Mann Gottes die Eiermütze über den Kopf, rannte los – zwei der Beistehenden folgten ihm ein Stück –, hob drachenfliegerartig ab, breitete dabei Arme und Beine auseinander. Damit rudernd, machte sich der hohe Herr das unter seinem Talar aufgebaute Luftpolster zunutze, um die Feldpiste entlang herabzusegeln.

Zum Zusammenstoß, der die fette Schlagzeile verursachte, konnte es aber nur deshalb kommen, weil diese eingangs erwähnte Stallscheune dem Ostergleiter die Sicht teilweise verbaute, er deshalb den hinter ihr in gleicher Höhe über dem Erdboden kreisenden Hutzelhabicht nicht wahrnahm. Ein ganz und gar ungöttlicher

Zufall mußte den Mausbischof so eingestellt haben, daß er den feldwegkreuzenden Raubvogel sekunden- und zentimetergenau anschwebte.

Gleich einem schwarzen Backhuhn krachte der Würdenträger auf den geriffelten Asphalt, während das gelockte Federvieh mit seinen Rundflügen unbeschädigt fortfuhr.

Die Adjunkte wieselten sofort vom Berg herunter, um Hilfe zu leisten, und brüllten fortwährend: „Oh Chof, oh Chof, oh Chof ...!"

Hochwohlgeboren

Zweiundzwanzig Mal schon war der Erbprinz auf den Wirtschaftsseiten der Journale abgebildet: hinter sich jedesmal die glatte junge Mama und den faltigen alten Papa, daneben der Ministerpräsident mit dem halben Kabinett – immer dann, wenn der Clan irgendwo im Land wieder eine Filiale eröffnet hatte.

Dennoch macht der elfjährige Konzernerbe Mitschüler glücklich, wenn er ihnen von den Alten übernommene Sprüche zuruft. Etwa: Ohne Fleiß kein Preis!, oder: Wenn du nicht der erste bist, ist es ein anderer!, oder: Wer arbeitet, kommt zu was!

Am Faschingsdienstag hat sich das Blödmännchen beim Kindergolfen in einer saudiarabischen Oase den Mittelfinger gebrochen. Drei Tage lang wurde es im SCHEICH ACHMED HOSPITAL von Er Riad beobachtet. Dann flog ein Firmenjet den Nachwuchsvip zum heimatlichen Airport, wo ihn der Rettungshubschrauber des Zentralklinikums übernahm.

Auf den Titelseiten aller Tageszeitungen und Wochenendpostillen konnten wir lesen, welches Unglück über das Imperium hereingefallen ist und wie tapfer sich Hoheit beim Eingipsen gehalten habe. In den Lokalspalten weiter hinten grinste der Held des Ballungsraumes zusätzlich im Großformat unter der aufgelegten Hand des Professors seiner zukünftigen Kundschaft entgegen.

Sich regen bringt Ordenssegen

Orden gibt's ordentlich: Bundeskreuze, Landesstecker, Stadtbänder. Klein, groß, rund, achteckig, viereckig, dreieckig – aus Gold, Silber, Blech – hängen am roten, schwarzen, braunen, gelben, grünen Schnürchen, baumeln am mausgrauen Bändel, am verdrehten Faden.

Frühpensioniert, erfreut sich der gehobene Verwaltungsbeamte des Schmuckes für fünfunddreißig gut bezahlte Dienstjahre. Der Kunstprofessor legt das Abzeichen in die einfache Schatulle, weil er den Tod belauert hat – bis auf den Grund des brodelnden Vulkans bohrte sein Adlerblick, sogar vom Hubschrauber aus. Eine Mutter wärmt sich an seinem Glanz die kalten Hände, weil sie ihren kranken Sohn ins Grab gepflegt hat. Der Stararchitekt hängt das gute Stück in den Mercedes – er beurteilt seit Jahrzehnten für ein schönes Preisrichtergeld die fleißigen Wettbewerbsentwürfe armer Kollegen. Der Mundartdichter heftet sich das Wapperl an den Hut, wegen seiner Mordsgaudi.

Einmal haben zwei nicht gewußt, warum sie geordet wurden, nahmen ihre Plakette aber trotzdem mit. Einem haftet die Ehrung jetzt als „Ullä vurm Husntürlä", dem anderen steckt's in der dafür noch geeigneteren Stelle.

Was fehlt, sind Orden für keine Orden und Orden für die Ablehnung von Orden für keine Orden.

Dann könnten alle zufrieden sein.

Ein „Ullä" diente in der Nachkriegszeit Kindern & Jugendlichen als Renommieranhängsel.

Deutscher Fabrikant
im 20. Jahrhundert
Sommer 1995

baut ... zuerst als Held
Panzer, Bomben & Granaten,
will fürs Reich die Welt

ab dem kalten Krieg
elektronische Waffen,
hilft Guten beim Sieg

nun wie zum eignen Schaden
noch allerhand Konsumgerät,
schenkt's dummen Demokraten

Lohn ungehemmter Schaffenskraft:
die Ehrenbürgerschaft.

Ergänzt mit zwei letzten Zeilen im Dezember 96, anläßlich der Ernennung eines Rüstungsindustriellen zum Ehrenbürger.

Die Angst
des Ministerialdirigenten

Im Villenvorort Erlenstegen
wohnt ein Herr von Degen.
Seine Fenster sind vergittert,
weil er vor Fliegen zittert,
die frechen Käferlein im Gras
belichten vierzehn Kameras

zudem schrillt alle Tage
stündlich die Alarmanlage,
damit der Gangster glaubt,
es wird schon ausgeraubt.
Nachts bittet Herr von Degen
zum Geheul um Gottes Segen.

Alter Playboy frotzelt

Des Wiekend beim Bänkä!,
etz bin i nu kränkä

den sei Bransch
wor a aanzigä Mansch,
mit seim fettn Dinnä
konn ä aa nix gwinnä,
und sei bläidä Sex
zu dritt mit dera Hex
unterm Kändlleit
hot mi gor net gfreit

na blouß die Schnäcks,
aff dänann worn Äggs!

Tod der Prinzessin
1995

Über die Metzgerstheke gesprochen:
Obä immä die Gutn derwischts,
immä die Gutn ... Fra Schmalz!

Für die Würmer
auf dem Johannisfriedhof

Leg dir Ellenbogenpanzer an,
hau dir den Wamst jedsmal voll,
dräng dich in die VIP-Spalten,
behäng dich mit Titeln & Orden

dann bist du größer & besser
als alle anderen ... für sie
der Anreiz, an dir noch länger
& genüßlicher herumzufressen.

Nachkriegsschweigen

Großreuther Spiele geträumt

1946 auf dem alten Flugplatz:
im Stich gelassene „Stukas",
Panzerfäuste, Handgranaten

schreckensbleich fortrennen
heim ins Dorf ...
ohne Lonis kleinsten Bruder

Nachkriegsschweigen

Nur meine Egersdörfer Tante,
für Verspätungen bekannte
Wirtin der Großreuther LINDE,
zog mich beiseite und sprach:
Immä wiedä hob i mas denkt,
wenn i nuntä grennt bin
nach Klaareith in Bunkä,
die Bombn homm scho kracht

daß ä etz endli verreckat,
dä Sauhund, dä dreckatä!

Wetterumschwung in Kleinreuth h.d.V.
nach dem Krieg

Tief Kunigund
zog über Nacht,
hat seine Wolken
mitgebracht

schob anfangs eine
vor sich her,
später mehr
und immer mehr

der Pfann deshalb,
so meine Tante,
den Parapluie vorm
Stall aufspannte.

Großvater fütterte Schwäne
mit den Enkeln damals im Park

Wir standen an des Teiches Rand,
er hielt die Tüte in der Hand
und warf, als wäre es das Beste,
vor die Vögel Schwarzbrotreste

sprach dabei zu seinen Erben:
Nie net darf was verderben!

Hinter dem Hügel

Mit sechs Jahren wurde ich aufs Land verschickt. In der Stadt waren wir 1943 des Lebens nicht mehr sicher.

Ich hatte es gut getroffen. Meinen Wirtsleuten gehörten eine Metzgerei, ein kleiner Bauernhof und die Gastwirtschaft. Ich kam ins Schlaraffenland. Über es herrschte Herr Wehr, der Metzgermeister.

Bald hatte er mich ins Herz geschlossen und ich ihn, auch wenn mir seine Werkelei in der Wurstküche suspekt erschien. Ging's hinter den zwei ausgemergelten Kühen im Leiterwagen aufs Feld, folgte ich Herrn Wehr wie der Struppi, arbeitete ihm sogar zu, soweit meine Kräfte ausreichten.

Mit meinen Fragen mußte er sich löchern lassen: solchen nach dem Sinn & Zweck unseres Aufenthaltes auf der Welt und hier am Ort, wie das Dorf auf der anderen Seite des Flüßchens heiße, wem der Acker beim Obstgarten gehöre, und so fort. Am meisten interessierte mich die steinige, gradwegs hinten aus Herrn Wehrs Hof führende, dotterblumengesäumte Furt. Sie verlor sich weit draußen im Gelände am Fuß eines unübersehbar schön halbrund geformten, im oberen Drittel bewaldeten Hügels.

„Was kommt hinter diesem Berg?", das fragte ich schon bei der allerersten Ausfahrt Herrn Wehr. Er blieb mir eine Antwort schuldig ... und welcher Kleine würde dann nicht erst recht jedesmal beim Anblick dieser Kuppe seine Frage unermüdlich weiter stellen.

Zwei Jahre mußten vergangen sein, als es an einem Julitag galt, Heu vor dem wahrscheinlichen Abendgewitter nach Hause zu bringen. Auf meine obligatorische Frage, was hinter der Kuppe sei, antwortete dieses Mal Herr Wehr kurz und knapp: „Die Toten!" Ich blieb still.

Am Abend ließ mir vor dem Zubettgehen Frau Wehr

in der Wirtshausküche Geschirr abtrocknen. Ich brachte die Rede auf den Hügel und dahinter vorfindbare Verstorbene. Erschrocken wollte sie wissen, wer einem so etwas weismache. Nachher meinte sie lachend, daß er jedesmal komische Sachen daherrede.

Noch vor dem Ende der Kämpfe raffte Herrn Wehr ein Schlaganfall dahin. Meine Neugierde wär' bestimmt im Sand verlaufen, hätten wir auch in den ersten Nachkriegsjahren auf unserem Hof nicht immer wieder einen Tag zugepackt für den Lohn von Produkten, die in der Stadt Schmalhans Küchenmeister nicht so ohne weiteres hergab.

Deswegen warf ich dort einmal gegen sechs Uhr abends den Tennisball ans Scheunentor. Drinnen in der Gaststube saßen meine Mutter und meine Schwester. Zwei Stunden noch könnten sie palavern, ehe uns der aus Russland heimgekehrte Sohn Hermann mit dem Lieferwägelchen zum entfernten Bahnhof für den Nachtzug kutschieren wollte. Da sah ich das Fahrrad von Frau Wehr am Birnbaum lehnen und fuhr los ...

die steinige Feldpiste hinaus bis zum neuen, glatt geschotterten Weg, der nach wie vor zur Kuppe hinführte. Unterhalb von ihr war sogar hellgrau ein Stück meiner Spur zu erkennen. Nach einiger Zeit traf ich an dieser Stelle ein und zweigte ins geteerte, zum Kiefernwald sich hinaufwindende Sträßchen ab.

Nun mußte ich im Stehen die Pedale treten, erreichte keuchend den Scheitelpunkt, stürzte auf der anderen Seite hinunter, der heranziehenden Dämmerung entgegen. Wieder im Flachen, erschwerte mir der in Betrieb genommene Dynamo die Treterei, jetzt zwischen allseits mich umgebendem, abwechselnd niedrig und höher stehendem Grasland. Dann habe ich den Toten gesehen.

Mit seinen bestiefelten Füßen ragte er aus dem kindshohen Gras in die abgemähte Wiese. Herr Wehr hatte mich nicht angelogen. Es war richtig, was er gesagt hatte. Ich wurde mir klar darüber, daß im ungemähten Gras die Toten lagen. Ich erkannte dunkel eingedrückte Liegemulden, weißblanke Arm- und Beinknochen, eingeschlagene Schädel, lumpenumwickelt verwesende Leichname, pechschwarz verkohlte Extremitäten, zerfetztes, zerstochenes Fleisch frischer Körper in ihren Blutlachen, zugeschnürte Hälse, aufgedunsene Bäuche, wachsgelbfaltige Gesichter, die herauskamen aus Anzügen mit einer rosa Nelke im Knopfloch. Ich erwartete Leichengeruch, Schleimspuren von Maden & Würmern auf der Fahrbahn, Schmeißfliegenschwärme, eine mir den Rücken herabkriechende Angst – die Notwendigkeit, mich rasend entfernen zu müssen. Aber ich entjagte der makabren Gegend nicht, sondern trat und trat meinem Lichtkegel folgend in der kühlen Nachtluft durchs grasig finstere Land ... zuletzt – ohne eine Steigung zu verspüren – wiederum über den Gipfel, wo der Sturz seinen Anfang nahm. Fast wäre ich an jenen Schlagbaum geradelt, der dort die Straße versperrte, den ich vorher schon auf dem Trampelpfad umzirkelt hatte. Augenblicklich wollte ich nun daheim sein. Sie würden sich Sorgen machen.

Wo ich herkäme, was ich so lange getrieben habe, ob ich nicht wüßte, daß der Zeiger auf zweiundzwanzig Uhr dreißig steht, warum ich ihnen das zumuten wollte? ...
fragten mich eine Viertelstunde später alle miteinander und zwei Polizisten.

Was hätte ich darauf erwidern sollen?

Schwarz & Schwärzlich

Mein Onkel arbeitete nach 1945 wieder als Stukkateur – ob ich damals überhaupt verstanden habe, was er mir einmal vortrug:

vom kleinen Harry, der nicht in Nuremberg, sondern fernab die ganze Zeit in einem oberpfälzischen Kaff aus dem Kinderwägelchen blinzelte,

nur seine Mama ganz genau gewußt hätte warum, und warum er immer noch nicht seinen Papa zu Gesicht bekommen habe,

der kohlrabenschwarze Vater dann doch einmal aufkreuzte, sich über das Gefährt des ihm fast gleich eingefärbten Sprößlings beugte, der zum Brüllen anfing wie noch nie und

Lisl meinte – seinen Erzeuger betrachtend –, daß es kein Wunder sei, wenn Harrylein so erschrecke.

Die Notwendigkeit damals, das Rechtsempfinden zu entwickeln

Im Jahr 1946 krachte am Nordostbahnhof mitten auf der Kreuzung die ZÜNDAPP in mein Radl.

Ein wenig abgetaucht, fand ich mich mit blauen Flecken und Aufschürfungen zu Hause im Bett wieder ... eine schreckliche Strafpredigt erwartend.

Doch meine Eltern, meine Schwester und meine Tante waren außerordentlich freundlich, erwähnten mit keinem Wort das zerdepperte, mühsam über den Krieg gerettete Fortbewegungsmittel. Ich war baff.

Die Steigerung noch jener Erfahrung erwirkte mein Vater – von Beruf Versicherungskaufmann –, als er mir acht Tage später vom Kostenersatz des Byciclettes, der zerschlissenen Hose und der zerborstenen, kleinen Taschenuhr durch den ALLIANZ-Konzern berichtete.

Die unvergessenen Schulstunden

Ihr grellrot lackierter Fingernagel deutete auf eine Deutschlandkarte am Ständer. Dann wollte die junge Erdkundelehrerin von mir wissen, was darauf Grün & Braun bedeuten:

Grün sind die Gebirge – dachte an unsere Hamsterwanderungen von Gräfenberg nach Egloffstein, an sonnige Hangwiesen, den Laubwald darüber im Mai ...

braun ist das Flache – knoblauchsländische Äcker gingen mir dabei durch den Kopf, trocken, nass, läbberich.

Ihr Sechser kränkte mich – blieb mir diese Stunde deshalb unvergessen,

aber als gleich im übernächsten Hof neben dem Löbleinschulhaus während der Musikstunde ein Blindgänger beim Entschärfen in die Luft ging und der Studienrat Hoffmann „Alle untern Tisch!" schrie, obwohl die Fenster schon eingedrückt waren – warum ich jene Stunde nicht vergessen habe, darüber bin ich mir schon im klaren.

Was man in Biologie lernen konnte

Nachdem ich von der vierten in die vierte Realschulklasse durchgefallen war, lernte ich dort einen ziemlich frechen tomatenrot-blonden Knaben kennen.

Mit dem Zug mußte er jeden Morgen aus seinem Landstädtchen hereinfahren, kam deswegen regelmäßig zu spät ins Klassenzimmer und verließ es mittags zu früh.

Hatten wir das Fach Biologie, dann ärgerte dieser Bube den Oberstudienrat Brummel mit frechen Antworten und unmißverständlichen Faxen so über Maßen, daß der herausschrie: „Es reicht, alles wieder dreimal, vom Feldhasen bis zum Karpfen!"

Verdeutlicht: Nicht ein Mal, wie die braveren Kinder, sondern in dreifacher, handschriftlicher Fertigung hatte in diesem Fall jener Störenfried alle Seiten zwischen F und K aus unserem Lehrbuch „DIE HEIMISCHEN TIERARTEN VON A BIS Z" bis zur nächsten Stunde dem Pädagogen aufs Pult zu legen.

Doktor Brummels Dreiermaßnahme scheint seinen Schüler, der ein fränkischer Hotelier wurde, beeindruckt zu haben ... die Preise für alles – vom geschmorten Löffelträger bis zu unserem blauen Teichschnalzer – hat er wiederum dreifach auf der Speisenkarte seiner oberpegnitztalluxuriösen Herberge für wagnerkultgierige VIPs stehen. Das ist mir aufgefallen, als ich daran einmal vorbeiwanderte.

Auf dem Gerüst

In den fünfziger Jahren standen ich, der Schwarz aus Kalchreuth und der Saadler aus Spalt auf dem Gerüst, für einen sozialen Mietwohnungsblock am Anfang der Weißgerbergass' – mit dem Rücken mehr zum Weinmarkt hin.

Festhalten am Gerüst haben wir uns nicht können. Die Baufirma forderte Kubikkilometer Mauern aus roten Hochlochziegeln Eineinhalb-Normalformat, dann haben wir uns aber doch plötzlich festhalten müssen am Gerüst, weil's uns wie Tanzpuppen herumriß vom explodierenden Scheppern & Knallen & Klirren, das nicht wieder aufhören wollte auf einen Schlag, sondern weiter explodierte, bis zuletzt der Ruhestörer unsere Jungmaureraugen herausfallen ließ:

ein Lastzug, der alle achtzehn Stufen – zwischen dem TILL EULENSPIEGEL und dem Antiquitäten-HÜMMER heutzutag' – zum Weinmarkt heruntergesprungen kam, gradaus das Pflaster überrannte, um im Ruinengrundstück der momentanen SÜDDEUTSCHEN-METALLBERUFS-GENOSSENSCHAFT steckenzubleiben ... einen leicht sauren Gurkengeruch verbreitend.

Mir, einem am Ort ansässig Schaffenden, wurde ohne nachzudenken klar, daß dieses Teufelsgespann etwas mit dem GURKEN-HARRER zu tun haben mußte, dessen Außenaktivitäten unterhalb des Dürerhauses beheimatet waren, in etwa da, wo es nun in den Altstadhof hineingeht. Zu uns herauf bestätigt wurden meine diesbezüglichen Überlegungen nicht viel später von Herbeigelaufenen.

Sie redeten davon, wie die Bremsen des Karrn beim Gurkeneinundausladen ihren Geist aufgegeben hätten, der Chauffeur grad noch naufgehüpft wär, „däi Kurvn bamm Knick zur Füll aff kann Fall ba su annä Gschwindichkeit nu kratzn koo" und die kerzengerade Linie nahm, „ass Träppalä noo", das weitaus Beste ...

was auch dem Saadler, dem Schwarz und mir einleuchtete. Das heißt, wir wunderten uns nicht sehr darüber, weder verheerende Sachschäden – abgesehen vom Treppengeländer, den Gurkenbehältern und der Kühlerhaube – noch solche an Menschen bedauern zu müssen, denn der Fahrer mußte nach seiner Zwangsbremsung links weg, unserem Blick entzogen, seine Sprungmaschine verlassen haben. Stimmt schon ...

Autos standen zu jener Zeit keinesfalls in solchen Mengen herum und mit den Menschen mußte es das Schicksal endlich besser meinen nach so vielen Verletzten und Toten bis 1945 ...

obwohl es das Schicksal mit unserem Maschinisten Stephan kurz vorher nicht so gut gemeint hatte und ihm einen Arm in die Betonmischmaschine zog.

Geschenkt geschenkt, nimmer geben
Gfundn gfundn, wieder geben

Niemals werden von mir Heiligabendgaben mit Goldpapier eingewickelt, dann in Schachteln verpackt, um so etwas von gierigen Kindern oder berechnenden Erwachsenen auf- und herausreißen zu lassen. Keine Kasse klingelt meinetwegen im Karstadt, nicht das winzigste Christkind im Wohnzimmer ... obwohl's mich trifft, am vierundzwanzigsten Dezember, nachdem ich das Gartencenter verlassen habe, in der Straßenbahn von den wahrhaftigen Gebern als einer der ihren betrachtet zu werden. Deshalb, weil die in der Zeitung eingeschlagenen Blumen für meine am sechsundzwanzigsten gleichen Monats geborene Frau sind.

Wann und warum ich zum Liebesfestignoranten wurde? Lange genug vor einigen progressiven Leuten, die auf ihre Erlösung lediglich aus marktwirtschaftlichen Erwägungen heraus pfeifen.

Daher kommt's, daß einem Zehnjährigen der Spruch oben schon bekannt war. Somit die Tatsache, jene wunderbare, im zweiten Nachkriegsjahr unterm Christbaum drapierte Spielzeugeisenbahn keinesfalls gefunden zu haben. Na gut, von einer elektrischen Märklin oder Trix konnte zur damaligen Zeit keine Rede sein, aber von einer herrlichen, aufziehbaren Blechgarnitur mit allem Drum und Dran: Güter- und Personenzugwägen, Personenzuglok, Weichen, Tunell, Überführung, Bahnhof samt einem ganzen Dorf, winkendem Stationsvorstand und radelndem Postboten. Bis in die Nacht des Heilig-Dreikönigs-Tages hinein beschäftigte mich nur dieses Geschenk des Herrn.

Wohin aber auf dem Dachboden oder im Keller sein heimtückischer Erzengel am siebten Januar die Teile aufgeräumt haben könnte, damit setzte ich mich den Rest des Jahres auseinander.

Nimmermehr ist die Anlage aufgetaucht. Stetige Fragen nach ihr wimmelten beide Elternteile sowie meine sieben Jahre ältere Schwester mit aussagelosen Antworten ab. Kein einziges Mal hatte jemand das Wörtchen „geliehen" auf den Lippen. Da drauf kam ich viel später selbst.

Deswegen brächte ich bis zum heutigen Tag nichts anderes mehr fertig, als ein schönes Weihnachtsgeschenk auszusuchen und es dann herzuleihen. Das möchte ich aber keinem Menschen antun.

Und ich wollte Missionar werden

Auf die Frage: „Was willst du einmal werden?", antwortete ich nicht mit dem Wort „Lokomotivführer", sondern mit „Missionar". Weiß der Teufel, wer mir diesen Floh, ach was, diese Riesenzecke ins Ohr gesetzt hat – denn ohne Neuguinea auch keine Missionare. Ihm jedenfalls bin ich bis heute dankbar, daß es nie zur Reise dorthin kam.

Jenes Eiland, ich erfuhr's nach und nach, ist voll von Menschenfressern, die auf Häuptlinge Jagd machen und auf christliche Sendboten. Solche werden ausgetrocknet, dann geräuchert und mit dem Blut dieser Kopfgejagten schmieren sie ihre Ahnenpfähle ein als Schutzmaßnahme gegen böse Geister!

An unseren Gott möchten die Leutchen partout nicht glauben: Man betet die Baumäste an, palavert nachher im Männerhaus und ist man dort ausnahmsweise einmal nicht, dann rutschen alle den Sagopalmenstamm hinauf und lassen sich im Wipfelzimmer nieder.

Die Mahlzeiten sonst erst! Klebriges Sagomehl, vier Zentimeter große Eier vom Rüsselkäfer, Insektenhaschee. Alles verpackt im Riesenpalmblatt, das sie am Nasenring vorbei kaum in den Mund bringen. Und die Kleidung! Kann überhaupt eine Rede davon sein, wenn man lediglich den Penisköcher umgehängt hat. Im Bergland sind manche zumindest mit dem fünfzig Zentimeter langen Flaschenkürbis angezogen. Das Erklettern der Hochsitze wird dadurch nicht einfacher.

Immer wieder wollen leidenschaftliche Bekehrer die Einheimischen ködern und verschenken Metalläxte. Mit geringem Erfolg. Letzten Endes wird ein guter Missionar nicht um den eigenen Zipfelverlängerer herumkommen. Wer etwas erreichen will, muß sich anpassen. Überall!

Dem Beelzebuben nochmals Dank für meine Rettung.

Gedankengänge

An bestimmten Stellen an bestimmte Leute zu denken, das ist schon klar:

in der Nähe seines Stammlokals ans Fräulein Leni, die immer gleich zwei Rühreier mit Bratkartoffeln & Salat serviert ...

beim Weg am Ärztehaus vorbei an den Doktor Lempf, dem jedsmal erst nach zwei Stunden die Blutdruckwerte nicht gefallen ...

hinterm Krematorium an den Gustav, der einen ewig drauf warten läßt, bis er seine Schulden bezahlt ...

Warum ich auf anderen Gängen Personen im Kopf hab', solche mir weder näher bekannt noch hätten bekannt sein können:

den Nürnberger Oberbürgermeister, wenn ich durchs historische Hammer hinauslauf' aufs Land – obwohl mir noch nie zu Ohren gekommen ist, daß er dort eine schön renovierte städtische Immobilie fast mietfrei bewohnt ...

die Frau Gemahlin des ehemaligen Vorsitzenden der größten Partei im Bayernland, ab Rückersdorf entlang dem Fuß- und Radweg unterhalb der gekrümmten B 14 – sie biß aus dem BMW heraus ins alpenländische Gras, wg. Geschwindigkeit ...

einen Landesminister, vor Neunkirchen am Sand auf der Autobahnbrücke, über die meine Wanderung auch manchmal führt ...

das weiß nicht einmal der Teufel!

Die Gürtel

Mein Gürtel ist braunledern, abgewetzt, altersgerissen, normal lang. Trotzdem verwende ich keines seiner fünf Originallöcher. Original deshalb, weil ich nach meinem Krankenhausaufenthalt ein sechstes Loch selbst in den Gürtel gestochen habe.

An meinem Gürtel war alles so ... denn vor zwei Stunden machte es kling und die verchromte Gürtelschnalle lag zerbrochen auf dem Boden im Bad, somit ohne jedes Verhältnis zur allem den Halt gebenden Gürtelzunge.
Ich brauchte sofort einen Ersatzgürtel, weil sich Gürtel nicht knoten lassen und Hosenträger für mich keinesfalls in Frage kommen. Hier im Büro wußte ich nichts von Ersatzgürteln, nicht einmal etwas von dicken Schnüren. Der wiederherzustellende Halt meiner Beinbekleidung hing eindeutig vom Gang ins nächstbeste Gürtelgeschäft, besser gesagt, ins nächstbeste Kaufhaus ab – wo gäb's noch Gürtelgeschäfte?
Unterwegs tat ich das, was ich sonst nie tue: Ich drückte meinen Bauch heraus und schaute anderen Männern, die so was bleiben ließen, auf ihre Gürtel. Nachher, in der Gürtelabteilung, kamen mir zunächst hundertachtzig Zentimeter lange und sechs Zentimeter breite Mustanggürtel für hundertfünfzig Mark unter die Augen, obwohl ich zwiefach um den Bauch zu schlingende Exemplare unangenehm fände. Es dauerte, bis ein meinem Umfang angemessenes, nun fast zu kurzes Stück am Ständer hing ... und weiß der Gürtel ... warum ich auch gürtellos ins Büro zurückgelaufen bin.

Der neue Gürtel ist schwarzledern, aber nur oberseitig. Außerdem ist er arschglatt. Von seinen vier Löchern paßt jetzt für mich nur das vorderste Loch. Ein fünftes Loch – mit zunehmendem Bauch rechne ich allerdings nicht – würde die Gürtelspitz' gerade noch bis ans Gürtelschlaufchen reichen lassen.

Institutionalisiert sich Wiederholendes:

christliche Feiertage,
Volkstrauertage,
Zeitumstellungen,
die AZ-Serie
„10 Jahre danach",
Urinkontrollen

alles Erinnerungen
an den Tod

Im Klinikum Nord

„Mach's gut", der Wunsch meiner Frau, „laß dich verwöhnen!" Aber eine Hoffung, in der Urologie verwöhnt zu werden, wollte bei mir nicht aufkommen, obwohl ihr Ruf eins a sein soll.

Daß hier Harnblasen gründlich bearbeitet & gereinigt werden, das konnte ich tags darauf nabelaufwärts miterleben ... für eine kleine Gewichtsabnahme waren bestimmt lange Wanderungen zum Sammelabort verantwortlich. Das Wasser ist mir im Maul zusammengelaufen, als mein vom KLINIKUM SÜD herübergewechselter Bettnachbar dort über paradiesische Toiletten gleich vom Appartement aus berichtete.

Richtig geschmeckt hat mir das Joghurt. Ob der grüne Salat mundet, ich hab's nicht herausfinden wollen. Meine Schwägerin tröstete mich damit, daß es in der Hansestadt Hamburg so lange ein Krankenhaus mit prima Küche gab, bis der Chefkoch auf einen Luxus-Liner entschwand. Den Kantinenhund wird's gefreut haben.

Weil sich Pflegepersonal & Ärzte die Beine in den Bauch rennen müssen – einmal pro Woche sogar hinterm Herrn Professor her –, ist ihre Freundlichkeit nicht immer zum Durchbruch gekommen. Verständlich daher gegenüber einem grad vom Operiern retour ins Zimmer Geschobenen die Aufforderung: „Etzätlä schpeiäs nabluß net a nu!", ... und mir eine drei Tage später schuldig gebliebene Antwort auf die Frage, wie der viele Pfefferminztee von der Gurgel in die Blase kommt.

Als ich wieder gut gehen konnte, hat mich der Chefbruder beauftragt, die Pfanne im Abort links hinten zu deponieren und das Tellerchen im Essenswagen. Nichts daran auszusetzen gibt es auch, werden die Leut' zum Operiern in ihrer Bettstatt quer durchs Gelände gerollt ...

„regnets, spannen wir zwei Schirme drüber wie beim armen Poeten vom Spitzweg!", klärte mich der Schieber auf, und wenn's saukalt ist, kann man sich ja wirklich tief unters städtische Zudeck verkuscheln.

Ein betagter Stadtrat, den ich kenne, hat's an der Prostata. Wenn der wieder draußen ist, wird vielleicht hie und da noch was verbessert. Doch zufällig wär's schon, würde bei seiner Behandlung im Zimmer gegenüber auch einer die halbe Woche lang alle zwei Stunden „Hilfe!" brüllen – obwohl dem wahrscheinlich gar nichts gefehlt hat. Hoffentlich waren die Zimmergenossen taub, sonst hätten sie hundert Euro vom Tagespflegesatz zurückverlangen müssen.

Beim Abschied rief ich einem Pfleger auf dem Treppenpodest „Auf Wiedersehen!" zu, verbesserte es aber schnell in ein „Auf Nimmerwiedersehen!".

Er meinte, wir könnten uns woanders ja auch wiedersehen.

Die Urologie wurde im Oktober 03 in das neue „Chirurgische Zentrum des Klinikums Nord" verlegt.

Organ

Dein Herz,
das dir lacht vorm Gselchten;
dein Magen,
der es dir schmecken läßt;
deine Leber,
die dir drei Schnäpse drauf erlaubt;
deine Nieren,
auf die dir nichts schlagen soll

dein geschärftes Bewußtsein,
das dich über ein krank gewordenes
nicht hinwegsehen läßt.

Konrad Biller

1937 in Nürnberg geboren, Maurerlehre und Maurer in Nürnberg, freischaffender Architekt in Nürnberg, Teilnahme an 65 regionalen und überregionalen Ideen- und Bauwettbewerben.
Seit 1997 schriftstellerische Tätigkeit.
Fach-, Sach- und belletristische Publikationen in Zeitschriften und Zeitungen, Teilnahme an Anthologien.
Ausstellungen „Bilder & Gedichte" zusammen mit Elsbeth Johnston.
Buchveröffentlichungen:
Nürnberg 1998 „Städtebilder",
Lauf a. d. Pegnitz 2000 „Lebenslänglich Franken",
Lauf a. d. Pegnitz 2001 „Hasenfuß mit Affenzahn",
Lauf a. d. Pegnitz 2002 „... uns kippt es aus den Socken!"

Manfred Schaller

1961 in Nürnberg geboren, arbeitet als Künstler
in den Bereichen Graphik, Malerei und Plastik
mit Ausstellungen im In- und Ausland,
nach dem Studium zum Dipl.-Kommunikationsdesigner
in Nürnberg ebenfalls als freier Graphiker.
Neben unterschiedlichen graphischen Produkten gestaltet er illustrative Wandbilder für Messen, Ausstellungen und Museen.
Als Gründungsmitglied des „Theaters der Euphorischen Lustlosigkeit", (1982–93, Schauspiel, Werbung, Bühnenbild), des Wandmalervereins „Gostner Hofmaler", (1982–88, 9 Fassadenbilder in Nürnberg), als Mitglied verschiedener Kunstvereine und bei der Wählergemeinschaft „DIE GUTEN" erfreute und erfreut er sich der Vielfalt künstlerischer & politischer Betätigungsfelder.
www.ampte-schaller.de

Gedichte & Geschichten von Konrad Biller

... der liebevolle Blick
für tierische Eigenarten und
Nöte lädt zum Schmunzeln
und Nachdenken ein.

*Anton G. Leitner
„DAS GEDICHT"*

... lädt die Leser zu einer
bunten Reise durch seinen
poetischen Kosmos ein.

*Anton G. Leitner
„DAS GEDICHT"*

... es ist eine skeptische
Liebe, die Konrad Biller
mit Franken verbindet.

*Klaus Schlesiger
im „Plärrer"-Stadtmagazin*

Nürnberger Straße 19   **FAHNER** VERLAG
91207 Lauf a. d. Pegnitz